BESTSELLER

Gabriela Acher nació en Uruguay y desarrolló su carrera como actriz de comedia en Buenos Aires. Allí participó en programas de TV como *Telecataplum*, *Hupumorpo*, *Comicolor*, *Tato Diet* y *Tato en busca de la vereda del sol*. También hizo TV en España, en el programa *1, 2, 3*, con un personaje propio, "Chochi la dicharachera", que allá se llamó "Charito Muchamarcha". En 1992 realizó su propio programa en Canal 13, *Hagamos el humor*, en el que desarrolló —por primera vez en la TV argentina— un humor de género (femenino). En teatro podemos citar algunos títulos como *Gasalla for export*, *Noche de estreno*, *El último de los amantes ardientes* y su unipersonal *Memorias de una princesa judía*, del que es autora. En cine trabajó en *Señora de Nadie*, *Sol de otoño*, *Cohen vs. Rossi* y *Esperando al Mesías*, entre otras películas. Como actriz de comedia ganó un Martín Fierro y una Estrella de Mar, y por su lucha a favor de la igualdad entre mujeres y varones obtuvo el premio "Elvira Rawson". En 1998 publicó, en esta misma editorial, *La guerra de los sexos está por acabar... con todos*; en 1999, *El amor en los tiempos del colesterol*, que llevó al teatro como un unipersonal con gran éxito durante el año 2001, y en 2002, *Si soy tan inteligente... ¿por qué me enamoro como una idiota?*

GABRIELA ACHER

Si soy tan inteligente...
¿por qué me enamoro como
una idiota?

DeBOLSILLO

Diseño de tapa: Javiera Yáñez Correas sobre una idea de Gabriela Acher

Acher, Gabriela
    Si soy tan inteligente... ¿por qué me enamoro como una idiota? - 2ª. ed. -
Buenos Aires : Debolsillo, 2007.
    240 p. ; 19x13 cm. (Best seller)

    ISBN 987-566-156-2

    1. Narrativa Humorística Argentina. I. Título
    CDD A867

Primera edición: mayo de 2002

Cuarta edición y segunda bajo este sello: abril de 2007

IMPRESO EN LA ARGENTINA

Queda hecho el depósito
que previene la ley 11.723.
© *2002, Editorial Sudamericana S.A.®*
Humberto I 531, Buenos Aires.

Publicado por Editorial Sudamericana S.A.® bajo el sello Debolsillo

ISBN 10: 987-566-156-2
ISBN 13: 978-987-566-156-1

www.sudamericanalibros.com.ar

A la Julieta que todas llevamos dentro

AGRADECIMIENTOS

Agradezco profundamente a Betty, Alicia, Lesy y Mecha, quienes con su amistad y su humor infinito alimentan mi alma y mis libros.

A mi amado hijo Rodrigo, sin cuya ayuda permanente con la compu, yo todavía estaría escribiendo manuscrito.

Y a Genoveva, mi ángel guardián, que sostiene con buen humor el resto de mi vida mientras yo trabajo.

Intoxicadas
con romanticismo

Del virus del romanticismo
y otras enfermedades contagiosas

Estaba yo mirando un programa en el Discovery Health y me costaba creer lo que escuchaba, pero la periodista que daba el informe parecía muy seria.

"La comunidad científica está de fiesta, y profundamente conmovida, ante un hecho sin precedentes. La Dra. Prudence Esceptic del Instituto Latinoamericano de Investigaciones SPM (Soltera Pienso Mejor) de Taho Lindo, en la Baja California, ha logrado —después de décadas de exhaustivo trabajo— aislar al escurridizo virus del romanticismo.

"Éste es un virus que ataca a 150 de cada 100 mujeres y que produce un efecto de sombra color rosa sobre la inteligencia de la paciente. Dicha sombra va invadiendo poco a poco todas las capas de la conciencia, hasta que la persona es prácticamente incapaz de diferenciar un gato de una liebre.

"En ocasiones, ha llegado a producir un verdadero surco en la corteza del cerebro de la víctima, provocándole febriles alucinaciones, como ver príncipes en los sapos, la ilusión de que un hombre es diferente a otro, etc.

"En dichos casos, y si no se la trata a tiempo, la persona intoxicada es capaz de pasarse el resto de su existencia besando sapos, tragando sapos y depilándose las piernas.

"O, lo que es aun peor, puede llegar a trabajar toda una vida para ser Madonna, y terminar vestida de traje sastre.

"El virus es transmitido genéticamente por vía materna sólo a las hijas mujeres, y su consecuencia directa es la adicción al amor, otra característica típicamente femenina.

"Los estudios han demostrado además —de forma incontrovertible— que, a lo largo de la historia, los hombres han cruzado los océanos en busca de nuevos mundos, y las mujeres han cruzado los océanos para casarse con alguien que aún no han visto; los hombres han explorado el mar, la tierra, las montañas, el espacio, en busca del origen de la vida, y las mujeres han explorado cielo, mar y tierra en busca del príncipe azul; los hombres han estado ocupados tratando de descifrar el mapa genético, y las mujeres han estado ocupadas tratando de descifrarlos a ellos.

"La investigación ha revelado también que la mayoría de las mujeres tiene una notable tendencia a alucinar, ya que otros de los factores alucinógenos por excelencia son el hambre y la sed.

"Y como casi todas ellas viven a dieta y nunca pueden comer lo que quieren, alucinan.

"Pero, sin lugar a dudas, la etapa fértil de una mujer es el caldo de cultivo por excelencia para el virus, ya que con el sexo pasa algo parecido al hambre.

"O más bien a las ganas de comer.

"El proceso se desarrolla así:

"Cuando la especie empuja, alborota a la hormona, que es algo así como su vocero.

"(La hormona en realidad viene a ser como un testaferro de la especie).

"Y la bendita hormona no acepta un No por respuesta. Si ella pide y no hay, alucina.

"Inventa.

"Es entonces cuando la persona puede llegar a ver príncipes en los mendigos, enamorarse de Drácula o tener sexo sin forro."

En ese momento se interrumpió el informe, para pasar un reportaje a la Dra. Esceptic en persona.

—Doctora —le preguntó la periodista—, ¿cómo fue que se le ocurrió trabajar sobre este tema tan controvertido?

—Bueno —respondió—, en primer lugar porque cuando descubrí que yo misma estaba infectada con el virus, ya había desperdiciado buena parte de mi vida amamantando maridos. Le podría decir que hice un master en amamantamiento, hasta que me quedé sin leche. Ése fue el punto de inflexión. Pero lo más decisivo para mi investigación fue el hecho de descubrir que varias mujeres que murieron supuestamente en accidentes, en realidad habrían muerto intoxicadas con romanticismo.

—¿Podría darnos algunos nombres de las víctimas?

—¡Son incontables!... Pero le confieso que la primera que me llamó la atención fue la pobrecita Marilyn Monroe, que en paz descanse.

—¿Así que Marilyn no murió por sobredosis de barbitúricos?

—¡Qué va!... En realidad ella murió por sobredosis de romanticismo. La otra fue la versión oficial, pero mi investigación dejó muy claro que a ella el virus ya le había carcomido buena parte de sus neuronas, y que ése fue el verdadero motivo por el que creyó ciegamente en las promesas de un casado, que además ¡era presidente!... ¡Mire si estaría tomada por el virus, que uno le pareció poco, y entonces la desdichada creyó en las promesas de otro casado que además era hermano del presidente! Y así no hay cuerpo que aguante.

—¿Entonces, usted afirma que ésa fue la razón de su muerte?

—¡Definitivamente! Lo de ella no fue ni un crimen ni un suicidio, sino un caso típico de romanticidio.

—¿Hay algún otro caso de mujeres conocidas afectadas por el virus?

—¡Muchísimas! Pero sin duda la más conocida de todas era Lady Di.

—¿Entonces Lady Di tampoco murió por el accidente?

—Eso fue lo que se dijo, porque los medios trataron de ocultar la verdadera información, pero en realidad la pobre Lady Di tenía la intoxicación de romanticismo más grande de la que se tenga historia, y ésa fue la verdadera causa de su prematura muerte. No sólo se pasó años de su vida tratando de convertir al sapo de su marido en un auténtico príncipe, sin conseguirlo (lo máximo que consiguió fue que se pareciera cada vez más a su caballo), sino que además tuvo que aguantar que el caballo de su marido hiciera pública su terrible declaración de que su máxima ambición en la vida era ser un tampón... ¡de otra! Pero no contenta con eso, cuando pudo liberarse de ese yugo, se enamoró de un playboy ¡árabe!... La pobrecita no tenía remedio, estaba enfermita de verdad, me dio mucha pena su muerte, pero reconozco que dio un gran envión a mi investigación.

—¿Me puede contar algún otro caso?

—Otro caso paradigmático fue el de la esposa de un conocido boxeador, "Mano de granito Achával", un tipo que era tan macho que hasta los dientes los tenía de acero. Es cierto que ella terminó volando por una ventana, pero la verdadera causa de su muerte fue la intoxicación con romanticismo.

—¿Usted está segura?

—¡Absolutamente!... Nunca me voy a olvidar de un reportaje que le hicieron a la pobrecita años atrás, la primera vez que él la había tirado por la ventana, y el periodista le preguntó: "Dígame señora, su marido... ¿le pega mucho?". Y ella le contestó: "No, sólo lo normal". Ahí me di cuenta de que a ella el romanticismo ya le había hecho metástasis. Y efectivamente, al poco tiempo se murió, con un libro de "La bella y la bestia" en la mano. Sus últimas palabras fueron: "Él me prometió que iba a cambiar".

Apagué el televisor, y tuve que reconocer que la noticia me desestabilizó completamente.

¡Así que era un virus!... ¡Qué horror!... Y pensar que durante tantas generaciones las mujeres estuvimos infectadas sin saberlo, ¡y no sólo eso!

¡Hemos estado transmitiendo esos paquetes sin abrirlos, de generación en generación, a nuestras hijas mujeres!...

¡Qué manera de tirar margaritas a los chanchos!

Ese mismo día me puse en contacto con esa doctora no sólo para felicitarla, sino para apoyarla por el bien que le estaba haciendo a la humanidad, y para manifestarle mi más profundo agradecimiento porque a partir de ese descubrimiento iba a comenzar toda una nueva etapa en la historia de la mujer.

Porque si ya lograron aislar al virus —pensaba—, el próximo paso será, por fin, la vacuna. Y detrás de ella la felicidad.

Mientras esperaba la comunicación con la doctora mi mente se llenó de pensamientos positivos:

¡Qué salto para la humanidad este descubrimiento!...

¡Y después dicen que la ciencia no es para las mujeres porque somos blandas, pero en realidad es porque los misóginos de siempre desconfían de que la mujer pueda actuar con rigor científico!... ¿Qué van a decir ahora?... ¡Por supuesto que iba a ser una mujer la que ejecutara semejante hazaña, y por supuesto que el virus tenía que ser masculino!

Estaba yo sumida en mi entusiasmo feminista, cuando la Dra. Esceptic me atendió muy amablemente en el teléfono y yo me apresuré a preguntarle:

—Doctora, ¿entonces es cierto que han logrado aislar al virus del romanticismo?

—Sí, así es —me contestó.

—¿Y cuál es el próximo paso?

—¡Lo vamos a amonestar muy severamente!

• • •

Me desperté de golpe con una sensación extraña en la boca del estómago, que —increíblemente— no era hambre.

Porque yo cuando me despierto camino directo a la heladera.

Y a veces corro.

Pero no, la sensación extraña era por el absurdo sueño que tuve acerca del "virus del romanticismo", y sencillamente no lo podía sacar de mi mente. ¿El romanticismo un virus que ataca a las mujeres? ¿Romanticidio?... ¿Qué me estaría queriendo decir este sueño?... ¿Qué extraño mensaje de mi inconsciente estaba tratando de mandarme?

Durante algunos días me devané los sesos pensando quién podría ayudarme a interpretarlo, hasta que me acordé de Adriana, una vecina que tuve durante muchos años y que es una suerte de psicóloga new age. Ella solía trabajar mucho con el mundo de los sueños, y alguna vez hicimos juntas un seminario con un americano especialista en "ensueño dirigido" que ella había traído a la Argentina.

17

Adriana y yo nos habíamos frecuentado bastante durante el tiempo en que fuimos vecinas, pero después dejamos de vernos porque ella se mudó considerablemente lejos.

Siempre fue una gordita simpatiquísima, con una larga melena azabache y rasgos árabes, pero muy seductora a sus 40 y pico, lo que le permitió ser una auténtica sobreviviente de un largo matrimonio de veinte años.

(Y de algunos amantes.)

En la época en que vivíamos en el mismo edificio, ella solía arrastrarme continuamente a esos cursos tipo:

"Sé que no debo amar a otro hasta que no me ame a mí misma, pero no puedo esperar tanto."

O "Los hombres son de Marte y las mujeres vamos para allá".

O "Echa a rodar tu corazón delante de ti, y corre para el otro lado", etc., etc.

Hasta hicimos juntas un laboratorio sobre vidas pasadas que se llamaba: "La vida durante la muerte".

Así que Adriana me pareció la persona más indicada para darme alguna interpretación acerca de este sueño; pero cuando la llamé me atendió Elba, su eterna e inefable mucama.

—La señora no está.

—¿No sabe a qué hora vuelve?

—No, no está en Buenos Aires, se fue de viaje.

—¿Otra vez?... —me ofusqué—. ¡Pero si la última vez que la llamé usted me dijo que se había ido a hacer trekking en el Aconcagua!

—Bueno, señora —se ofuscó Elba peor que yo— eso fue lo que ella me dijo, pero yo sé que al Aconcagua también se fue a buscar hielo para ponerse en la cara...

—¿Hielo?... ¿pero qué le pasó?... ¿tuvo un accidente?

—No, se hizo un lifting.

—¿Un lifting?... ¿Pero cuándo?

—El 25 de agosto, entre el paciente de las 7 y el de las 8 menos cuarto.

—¿Y ahora adónde fue?

—Ahora se fue a nadar con tiburones a una isla de la Polinesia.

—¿A nadar con tiburones?... Pero... Elba... ¿Usted me está tomando el pelo, verdad?

—No, señora, no me atrevería, yo tengo mucho respeto por usted que es una señora mayor y yo soy sólo...

—No aclares que oscurece, Elba.

—Está bien, pero le juro que la señora Adriana se fue a nadar con tiburones a una isla de la Polinesia y vuelve a fin de mes. Si vuelve. Yo, por las dudas, ya le puse una vela a la Virgen de San Cayetano.

—Pero Elba —yo no entraba en caja—, ¿por qué con tiburones?... ¿No tenía alguien mejor con quien nadar?

Pero antes de que ella pudiera abrir la boca, se me hizo la luz.

—¿Con quién fue? —balbuceé aunque ya sabía la respuesta.

—Con el señor Gustavo.

—¡Ah!... ¿pero entonces sigue con el pendejo? —me indigné—. Creí que sería algo...

—¡A usted le parece! —se prendió Elba—. Con todos los hombres que podría elegir... se vino a enredar con este muerto de hambre que podría ser el nieto. Ella tendría que casarse con un poderoso industrial, que la venga a buscar en un Alfa Romero, con guardabarros de acero inolvidable, alguien que le alquile a Ricky Martin para que le anuncie las visitas...

—Bueno Elba, no empiece...

—Además no come casi nada —me interrumpe Elba, incontenible—. Está tan flaca que el otro día comió una uva y parecía un termómetro embarazado, porque ahora toma esas pastillas que te comen la comida que comés...

—¡Pare con el delirio, Elba!... ¿Qué pastillas que te comen la comida?

—Esas xilofón, no me acuerdo del nombre. ¡Esas que te separan la grasa después de que te la comiste!...

—¿Xenical será?

—¡Eso!... ¿Y yo qué dije?

—Bueno, Elba —me impacienté—. No tengo tiempo para esta conversación. La cuestión es que ¡se fue de nuevo!... Pero no entiendo cómo hace... ¿Y los pacientes?

—No, ellos se quedaron —dijo antes de cortar.

Yo no lo podía creer.

Recordaba a Adriana como una mina inteligente, con un gran sentido del humor, y como una mujer que nunca tuvo dificultad para gustarles a los hombres.

Pero también como una romántica incurable, y evidentemente eso siempre la hizo —como solemos decir entre nosotras— "repetir para no acordarse".

No es que para mí fuera una sorpresa que Adriana estuviera enamorada por centésima vez del penúltimo hombre de su vida.

El tema es que ella fuma dos atados de cigarrillos por día, lleva el auto hasta para ir al kiosco, no sabe andar ni en bicicleta y se marea arriba de los tacos altos.

¿Cómo pasó de esa idiosincrasia a subir al Aconcagua y a nadar con tiburones, en tan poco tiempo?

Pues hay una sola respuesta posible.

¡Porque se enamoró de un pendejo, que es guía de los deportes de riesgo!

Y las mujeres, por un hombre, somos capaces de raparnos la cabeza y salir a cantar el Hare Krishna en una manifestación del Ku Klux Klan.

———————

Miedo de aterrizar

GANCHO SIN DESTINO

Nada da más certeza que el deseo.

JORGE BUCAY

Yo apenas podía esperar a que Adriana volviera de su periplo por la Polinesia para encontrarme con ella y que me contara todo. La cita era a las 5 en una confitería, y —como era previsible— yo llegué antes.

Moría de curiosidad por saber en qué andaba, porque le había perdido la pista hacía tiempo, y me daba cuenta de que su vida había dado un giro de 180 grados.

Fahrenheit.

(Porque hay que estar muy caliente con alguien para irse a nadar con tiburones.)

Mientras la esperaba, comencé a recordar la última vez que nos habíamos visto, cuando ella recién lo había conocido a Gustavo, y ya parecía otra.

Él le había volado el cerebro.

Esa tarde, cuando llegué a su casa, Elba estaba en la cocina preparando unos panqueques, cuando Adriana comenzó a toser, con esa tos típica de los fumadores. Yo me iba derecho a la heladera a buscarle un vaso de agua, pero Elba entró intempestivamente al living, y empezó a darle unas brutales palmadas en la espalda mientras le decía:

—¿Qué le pasa señora?... ¿No quiere un cigarrillo?

A mí me pareció una bestialidad cómo la golpeaba, pero, sorpresivamente, a la sexta palmada Adriana escupió algo que tenía atragantada.

Yo pensé que era un pulmón, pero ella siguió discutiendo con Elba, como si nada, enfrascada en esa relación imposible de describir que las mujeres tenemos con las empleadas.

—¡No te hagas la graciosa, Elba, no es por el pucho, lo que pasó fue que estaba besando el regalo de mi novio y me lo tragué sin darme cuenta!

—¿Y qué le regalaron?... ¿Un brillante? —dijo Elba, irónica, mientras buscaba mi complicidad.

—¡No, una bolita!... —respondió Adri, que me miraba con los ojos vidriosos, mientras me mostraba la canica verde y negra que acababa de escupir—. ¿No es hermosa?...

—¿Te regaló una bolita?... —me agarró un ataque de risa—. ¿Pero dónde lo conociste?... ¿En el pelotero?

—¡No te rías!... No seas mala... —me pidió con el mismo tono insoportablemente mimoso—. Me parece que me estoy enamorando otra vez.

Y dirigiéndose a su empleada le dijo:

—Elba, vos que sos medio bruja, ayudame, tocá esta bolita, recurrí a las fuerzas ocultas de tu dudoso origen y decime algo sobre él.

Elba miró la bolita y vaticinó:

—Es pobre.

—¡No diga eso, Elba! —intervine—. ¡En una de ésas es sólo amarrete!

Adri me tapó la boca con la mano mientras le reclamaba a Elba que volviera a la carga.

—¿Pero qué quiere que le diga, señora?... —protestaba Elba—. ¿Por lo menos le preguntó el signo?

—No... en realidad —se reía como una idiota— casi ni hablamos. Teníamos la boca demasiado ocupada como para decirnos nada.

—Bueno, ya me está dando algunos datos... —se entusiasmaba Elba—. Si es introvertido, tímido, inseguro, es de Cáncer.

—No, no creo que sea de Cáncer —se relamía— porque Cáncer es de agua y este chico es puro fuego.

—¡Fuego!, entonces es de Aries.

—No, de Aries no me suena, porque es muy alto.

A esa altura de la conversación yo no sólo no me animaba a intervenir, sino que me empecé a preguntar qué habrían tomado esas dos para sostener seriamente un diálogo tan delirante. Pero lo que más me impresionaba era el carácter vidrioso de la mirada de Adriana, y su sonrisa estúpida y permanente. Se la veía tan melosa y derretida que daban ganas de ponerla arriba de un panqueque.

—¡Ah! Si es alto no puede ser de fuego —aseguró Elba, en el paroxismo de la insania—. ¿Y la mirada?... ¿cómo es?... Hábleme de su mirada...

—Tiene una mirada... tan grande... —deliraba Adri.

—Pero... ¿los ojos?... ¿Cómo eran los ojos? —se irritaba Elba.

—¡Eran dos!

—¡Entonces es de Escorpio! —sentenció y se fue dando un portazo.

• • •

Eran las 5 y media y Adriana todavía no había llegado a la confitería, así que me empecé a impacientar.

Finalmente la vi llegar, casi una hora más tarde de lo convenido, y —mientras la miraba avanzar hacia la mesa— pude comprobar hasta qué punto se había convertido en otra persona.

Estaba irreconocible.

Radiante, delgada (o liposuccionada para la ocasión), con un tostado espectacular, el lifting le había quedado perfecto y su antigua melena oscura había dejado lugar a un rubio dorado y un corte desmechado con cierto aire a Meg Ryan.

El reencuentro fue de lo más cariñoso.

Risas, besos.

—¿Pero qué fue de la morocha argentina? —arremetí—. ¿Se arrepintió?

—La sacrificamos en lo de Giordano... —me contestó sonriendo— y nació la rubia Mireya... ¿te gusta?

—¡Sí, pero me sorprendiste!... ¿A qué se debe ese cambio?

—A que en este país sos vieja a los 30 y si no sos rubia, sos políticamente incorrecta —se justificó—. Estoy feliz con mi nuevo look, siempre quise ser rubia, el único problema es que todo el mundo está preocupado por el riesgo país, pero yo en este momento estoy preocupada por el riesgo raíz. ¡Ahora tengo que ir a la peluquería después de cada comida!

Dicho lo cual, encendió el primer cigarrillo y me tiró una bocanada de humo en la cara que me hizo resoplar.

—No me mires así —me pidió—, estoy en la primera etapa para dejar de fumar.

—¿Ah sí?... ¿Y cuál es?

—¡Estoy pensándolo!... —dijo, encantada con la ocurrencia—. ¿Y vos, seguís sin fumar?

—¡Por supuesto! —me inflamé—. Yo lo dejé hace años porque decidí enfrentar mis problemas con entereza.

—¡Ay!... ¡Qué envidiable!... ¿Y cómo hacés?

—¡No puedo parar de comer!

—¡Pero qué alegría verte!... —me tocaba la mano—. ¡Pasó tanto tiempo!

—¡Exactamente una hora!... Quedamos a las cinco... ¿te acordás?

—Sí, claro que me acuerdo, pero me demoré un poco en el dentista... ¿No te avisó Elba?... Le pedí que te llamara porque yo no tenía encima el número de tu celular.

—No, pero olvidate, está todo bien.

La miré un poco más detenidamente, y —aunque estaba linda como siempre— noté que tenía el pelo un poco electrizado y que, para leer el menú, lo tenía que poner más o menos en la mesa de al lado.

Pero definitivamente no parecía alguien que venía de nadar con tiburones, sobre todo porque estaba viva.

—¡Contame todo del viaje, por favor!... —rogué—. Pero primero del romance... ¿Así que tu relación con el pendejo sigue viento en popa?

—¡Che, no exageres que no es tan pendejo! —se defendió.

—¿No me dijiste que tenía 23 años?

—¡23... y tres cuartos!

—¡Adri, yo tengo carteras más viejas que ese chico!... ¡Estás saliendo con un espermatozoide!

—Puede ser, pero entonces debo haber dado con el de más puntería, porque realmente me dio acceso a una nueva vida. ¡Te juro que nunca tuve a nadie que me ofreciera el nivel de romance y de aventura que me ofrece él!

—¡Ah!... De eso no me cabe duda, si de sólo pensar en el ritmo que estás llevando, me da vértigo.

—La verdad es que, desde que lo conocí a Gustavo, mi vida se dio vuelta como una media. Nunca me imaginé que a esta edad iba a poder vivir todas estas emociones, esta aventura romántica, y gracias a él, estoy conociendo otros mundos, casi te diría que flotamos en una especie de universo paralelo...

—Perdoná que me ponga prosaica en medio de tanto romanticismo —la interrumpí—, pero... salvo que hayan sacado los pasajes en una agencia de viajes astrales... ¿puedo preguntarte quién paga esos viajes a los universos paralelos?...

—¡Yo!... —dijo la inconsciente—, que tarjeteo como loca. Pero él me consigue un descuento del 5% en la agencia de viajes de un amigo del padre.

—¡Ah!... Un negocio redondo... ¿Y por qué no te ponés de novia con el amigo del padre, directamente?

—¿Por qué?

—Porque él estaría más acorde con tu edad.

—Vos estás equivocada en tu concepto de los hombres... —me dijo muy seria—. Los hombres más grandes no son más maduros. Sólo tienen más dinero... lo que los hace parecer más maduros. Y si no, acordate del padre de mi hijo, sin ir más lejos, que tiene quince años más que yo, y sin embargo hizo pelota toda la fortuna que heredó del padre para gastársela en alcohol y en juego.

—Bueno, por lo menos no se la gastó en mujeres.

—¡No me hagas acordar!... Que poco antes de separarnos, se fue a un shopping a comprar los regalitos de Navidad y decidió llevarse alguna cosita para él.

—¿Y eso qué tiene de malo?

—¡Se llevó a la vendedora!

—Bueno, pero tu ex por lo menos pararía la olla... ¿o no?

—¡Era lo único que paraba! —suspiró.

—¡Ah!... Ahora lo comprendo todo.

—Pero, además, vos no te acordarás porque hace mucho que estás soltera, pero en un matrimonio de tantos años llega un momento en el que tu esposo se siente tan en confianza como para aburrirte hasta morir.

—Bueno, eso decís ahora, pero estoy segura de que, a los 17 años, cuando lo conociste, él también te habrá parecido el hombre de tus sueños.

—¡Nooo! —saltó como un resorte—. Él nunca fue el hombre de mis sueños. En todo caso, él era un hombre que me daba sueño. En realidad, mi ex me aburrió desde el día en que lo conocí. Y sin embargo estuve varios años de novia, esperándolo hasta que se recibiera, y después hasta que se estableciera, con la esperanza de que algún día decidiera hacerme el honor de aburrirme para toda la vida. Y finalmente lo hizo.

—¿Pero entonces se puede saber por qué te casaste con él?

—¡Porque era igualito a Brian O'Neal, el de "Love Story"!... ¿Te acordás?... —sonreía como una tonta—. "Amar es nunca tener que pedir perdón"... ¡Yo moría por él!... con esos rulos dorados, y tan romántico, era mi preferido... Mirá si me gustaría que le puse Brian a mi hijo por él.

—¿Me estás cargando? —me tenté—. ¡Adriana!... Ese actor se llama Ryan O'Neal.

—¡¿Cómo Ryan?!... Brian se llama... ¿Me vas a decir a mí?... Si es el nombre de mi hijo...

—¿Tu hijo Brian se llama así por Ryan O'Neal?... ¡Le pusiste el nombre de otro! —yo me desternillaba de la risa—. ¡Pero vos sos una delirante temible!... ¡Pobre chico!

—¿Vos estás segura de que no es Brian?

—¿Querés apostar?

—¡No, dejalo ahí!... Igual... ya no tiene remedio... ¿verdad? —se reía la inconsciente.

—¿Así que cuando lo conociste a tu ex se parecía a Ryan O'Neal?

—¡Sí!... ¿podés creer?... Ahora se parece a Danny De Vito.

—Bueno, pero olvidémonos de tu ex... Con tanto viaje... ¿cómo te las arreglás con el laburo?... ¿cómo hacés con los pacientes? —empecé a decir pero ella me interrumpió.

—Mirá, mi trabajo me importa mucho, pero yo necesito enamorarme. Cuando no estoy enamorada, nada parece tener demasiado sentido. Me siento como un gancho sin destino, tengo que colgarlo en alguien, porque si no me pesa, me dobla la espalda.

—¡Pero si no has estado sola en tu vida ni siquiera por cinco minutos!... Primero estuviste casada durante veinte años, y ni bien te separaste, te enamoraste a razón de un novio por año... Ni siquiera dejaste enfriar las sábanas. ¡El tuyo es un gancho de acero inoxidable!

—Puede ser, pero te aseguro que a esta altura de mi vida hay algo que me quedó claro. Yo quiero dedicarme a mi trabajo hasta las siete de la tarde. Pero a esa hora quiero que me agarren de los pelos y me metan adentro de la cueva.

—¡Adri, me impresionaste!... ¡No sabía que estabas tan aburrida!... ¿Así que ahora te gustan los Neandertal?

—¡Cómo se ve que no lo conocés a Gustavo! Es el hombre más divino que te puedas imaginar, y nunca en mi vida estuve más enamorada. Además, ya hicimos juntos varios viajes alucinantes. Por ejemplo, en el primero, practicamos ala delta en Brasil.

—¡Ah!... Empezaron con algo livianito... —la interrumpí—. ¡Pero habrás tenido que aprender!... ¿Te dan un curso o algo?

—Bueno, sí, claro, él te da unas indicaciones, pero la experiencia de estar volando no te la puede explicar nadie. De cualquier manera, yo lo hice con él, no me iba a animar a largarme sola la primera vez.

—¿Cómo con él?... ¿Hay un ala delta de dos plazas?

—Sí, él arriba y yo abajo —dijo con cara de babosa.

—¡Ah!... perfecto, así si se caen, vos le amortiguás el golpe... ¡No entiendo cómo te animaste!

—Fue una experiencia tremenda, yo no te puedo describir lo que se siente en el momento en que tenés que correr junto con el otro hasta el borde del abismo sin fin, y después tenés que seguir corriendo como los dibujitos animados cuando ya se acabó el borde y corrés en el aire, y ya no hay piso, porque en ese preciso instante cerré los ojos y en medio del ataque de pánico, tuve una revelación, una experiencia cercana a la muerte.

—¡Dios mío, Adriana! ¡Se me pone la piel de gallina de sólo pensarlo!

—¿Viste que los que están por morir ven pasar toda su vida por su mente? —se entusiasmaba—. Bueno, exactamente eso fue lo que me pasó, en fracciones de segundo, me vi de niña, con mi delantal blanco, en el patio del colegio de monjas, cuando tomé la primera comunión, cuando me recibí, la fiesta de casamiento, mis veinte años de matrimonio... toda mi vida pasó delante de mis ojos... ¡Y era tan aburrida! Cuando volví a abrir los ojos, volaba entre las montañas con el cuerpito de Gustavo en mi espalda y supe que le tenía menos miedo a la muerte que al aburrimiento. Y aquí estoy.

—¡Por Dios, Adriana!... No sé si felicitarte o internarte.

—Ahora estamos planeando un viaje, para el año que viene, en el que vamos a atravesar el océano Atlántico en un barco a vela y vamos a pasar como 45 días en el mar.

—¡Pará Adriana!... ¿Me estás hablando en serio?

—¡Por supuesto!

—¿Un barco a vela en el océano? Me parece que se te está yendo la mano... ¿Y vos nadás bien?... ¿Vos no eras de las que se ahogaban en la bañera?...

—¡Para nada!... Yo algo nado, pero lo importante es que Gustavo nada como un pez.

—¿Y de qué te serviría que él nadase como un pez, si la que se está ahogando sos vos?

—¡Serviría para que él me rescatase! —exclamó, comenzando a delirar peligrosamente—, como en la película "El abismo"... ¿te acordás?... que ellos dos quedan atrapados en un submarino pequeño, en el fondo del mar, que ya se está inundando, y para salvarse tienen que nadar hasta un barco que quedaba a ocho minutos de allí, pero hay un solo traje y un solo tanque, y él se lo quiere dar a ella, pero él nadaba mejor, entonces deciden que ella se congele, que llegue a un estado de hipotermia, para que entonces él nade hasta el barco y la lleve a ella congelada y de los pelos para después resucitarla, y así ella no se puede ahogar porque ya está muerta, mejor dicho congelada, que es una especie de muerta a plazo fijo, pero no respira, que es lo importante en este caso, porque para no ahogarse es mucho más seguro estar muerta que viva, pero una vez que llegan al barco, él la quiere resucitar personalmente poniéndole esas planchas en el pecho que la hacen saltar hasta el techo, pero sigue muerta la pobre, y no se descongela ni aunque la pongan en el microondas, entonces, como ella no reacciona, él le da un par de cachetazos y le grita que la necesita, y recién entonces ella vuelve...

—¡Escuchame, Adriana —la sacudí por los hombros—, hablemos de mujer a desquiciada! Una cosa es ser una romántica, y otra cosa es ser ¡una insana y una inconsciente!... ¿Cómo te exponés a tanto?... ¿No te das cuenta de lo peligroso que es?

—¡Vivir es peligroso! —pontificó, mientras untaba mermelada en un posavasos y trataba de pinchar una frutilla dibujada en el mantel—. Gustavo me está enseñando a superar mis propios límites y eso no tiene precio.

—¡Sí que lo tiene! —me exaltaba—. Estás superexigida y más ciega que un topo.

—¡Ah!... pero eso lo voy a compensar muy pronto, porque vamos a hacer caída libre —me contestó—. Gustavo me dijo que si te tirás en paracaídas, el rato que estás en el aire, antes de que se abra, es de un nivel de adrenalina tan brutal que te corrige la presbicia.

—O te mata de un infarto.

—Pero además voy a saltar con él, así que no tengo nada que temer.

—¿Pero cómo que no tenés nada que temer? —yo mordía la servilleta—. ¿Quién es Gustavo?... ¿Superman?... ¿Te va a llevar en sus brazos si no se abre el paracaídas?... Vos ves demasiadas películas románticas, Adriana. Ésas no son cosas que se puedan hacer sin una preparación, un entrenamiento... y también para eso debe haber una edad... A tu edad...

—¿A mi edad qué? —me interrumpió—. ¿Debería estar haciendo calceta? A mi edad es cuando hay que vivir cada día como si fuese el último.

—¡Pero mirá que alguna vez vas a acertar!

—Además, a mi edad, las ganas son el tesoro más preciado, y al entusiasmo no hay con qué pagarlo. Ponete en mi lugar... —me dice aferrándome la mano—. ¿Te imaginás lo que se siente cuando te das cuenta de que ya pasaron los mejores años de tu vida... y fueron horribles?

Ese argumento fue más que suficiente para mí.

—¿Así que además te le animaste a los tiburones? —retomé—. ¡Pero qué bárbara!

—La verdad es que fue una experiencia fascinante. Yo tampoco pensé que me animaría, pero Gustavo estuvo divino y me contuvo mucho, así que me animé y te juro que es para no olvidarlo nunca.

—¡Claro!... Superar los límites...

—¡No!... ¡El cagazo de estar ahí!

—¡Me imagino!... Pero contame, que me muero por saber, ¿cómo es?

—Bueno, sabés que la Polinesia es el paraíso terrenal, la playa más alucinante, el mar más transparente... mejor que el Caribe.

—¡Ahorrate los detalles, que ya compré! —la apuré—. ¡Vamos derecho a los tiburones!... ¿A vos se te ocurrió?

—La verdad es que yo me hubiera conformado con ver un show de los delfines, pero Gustavo quería hacerlo más que nada en el mundo, y yo lo quise acompañar.

—¡Pero por Dios, Adriana!... —me exasperaba—. Si

te querías matar... ¿por qué no pusiste la cabeza en el horno, como cualquier suicida razonable?... Bueno, contame.

—En principio partimos con unos nativos de la isla que nos llevaron hasta alta mar en una lancha con vidrio en el fondo...

—¿En una lancha?... —cada dato me ponía más nerviosa—. ¿Ni siquiera en un barco?... Yo no iría a ver los tiburones ni en un transatlántico. Yo no los querría ver ni desde un avión. No soporto ni una película sobre tiburones... Ya casi no me animo a comer pescado... yo...

Su mirada de reproche me volvió a la Tierra.

—Perdoname —continué—. Seguí por favor, fueron en una lancha hasta mar abierto y...

—Llegamos como a una hondonada en el medio del mar, unos bancos de arena, en los que, si bajabas, el agua te llegaba apenas a las pantorrillas...

—¡Adri, las pantorrillas son el bocado preferido de los tiburones!

—Yo al principio no me quería bajar del bote por nada del mundo, porque los nativos se adelantan unos metros en el mar y empiezan a tirar carne sangrante, que es la manera de llamar a los tiburones para que vengan a comer su merienda.

—¡Basta!... ¡que me descompongo!

—Yo a esa altura me imaginaba que el primer tiburón iba a dar vuelta el bote de un nariguetazo y que la merienda iba a ser yo. Pero Gustavo, que había bajado, me tomó de su mano y me convenció para que bajara yo también, así que me paré en esa especie de banco de arena, temblando como una hoja, separada del sector tiburones sólo por una cuerda, y pertrechada sólo con el snorkel vi —a pocos metros— cómo unos quince tiburones se abalanzaban sobre la comida y la desgarraban entre sus fauces.

A esa altura del relato de Adriana, me empezó a agarrar una lipotimia, así que arremetí con la bandeja de dulces y comencé a tragarlos sin solución de continuidad, y a bajarlos con coca cola que tomaba directamente de la botella, mientras le decía:

—¿Gustavo te hizo bajar del bote para que estuvieras más cerca de los tiburones?... ¿Qué quería?... ¿Que les dieras la comida en la boca?

—No, tonta, los tiburones nunca se acercaron, comieron todo lo que les pusimos, pero permanecían dentro de ese sector como si estuvieran amaestrados.

—¿Tiburones amaestrados?... —la voz se me aflautaba de los nervios—. ¿Pero quién los amaestra?... ¿Houdini?

—Se ve que es una rutina que los nativos tienen y los tiburones de la zona ya la habrían aprendido.

—¿Y si venía alguno de la Florida?... —me desesperaba—. ¿No leés los diarios?... Allá todos los días se comen a un surfista.

—¡Bueno! —se impacientaba—. Supongo que estará todo calculado, los organizadores del viaje no se van a arriesgar a que te pase nada.

—¿Y los tiburones respetan su autoridad?... —grité ya totalmente descontrolada, mientras toda la confitería se daba vuelta para mirarme—. ¿Cómo lo logran?... ¿Les hacen firmar un contrato?...

—¡Si te ponés así no te cuento nada! —dijo Adriana y se levantó para ir al baño.

Ni bien me quedé sola, sonó mi celular, y mientras sacaba todo el contenido de mi cartera para encontrarlo, vi que llegaba el mozo con una tetera gigantesca llena de té de tilo y la ponía en mi mesa.

"¡Es a cuenta de la casa!", masculló y salió corriendo.

Atendí y era Elba.

—Dice la señora que le avise que va a llegar un poco más tarde a la cita con usted, porque se demoró en el dentista.

—¡Ah!... ¡muchas gracias!... ¿Y por qué no me avisó?

—¡Le estoy avisando! —se encrespó Elba—. Pero usted no le vaya a preguntar a la señora por qué fue al dentista.

—¿Por qué no?

—¡Porque en el viaje se rompió dos dientes!

—¿Cómo fue? ¿Se cayó?

—¡No, se mordió!

—¿Se mordió los dientes? —hice un esfuerzo por no reírme—. ¿Cómo hizo?... Porque los dientes son duros de morder.

—No diga que yo se lo dije —susurró Elba—, pero la señora tiene botulismo.

—¿¿¿¡Qué!???

—Botulismo, esa enfermedad que hace morder los dientes.

—¡Bruxismo querrá decir! ¡Ay Elba, me asustó! ¿Es como un tic que hace rechinar los dientes mientras duerme? ¿Es eso lo que tiene?

—Sí, pero ella los hace rechinar despierta también.

—Bueno, pero no es tan terrible... Existe un aparatito como de plástico para ponerse a la noche y evitar la mordida.

—Ya le pusieron como veinte aparatitos y los rompió también. Ahora el dentista le está preparando uno de titanio, porque a la pobrecita, de tanto rechinar los dientes, se le traba la mandíbula. No sé, la van a tener que enchalecar para que no se lastime.

—¿Pero le explicó su dentista a qué se debe?

—¡A los nervios, m'hija! Esta chica está mal de los nervios. ¡También! Con tanto viaje, tanto tiburón, no sé cómo aguanta. De todos los hombres que había en el mundo, justo se va a enganchar con este mequetrefe que, además, tiene novia.

—¿Cómo que tiene novia?

—¡Sí! ¿No sabía? Tiene novia y se está por casar. Pero la novia es muy joven y no la dejan viajar, por eso la señora tiene que andar de acá para allá, porque a él sólo lo ve en los viajes. Cuando está acá ni se hablan por teléfono. Y el problema es que ella tiene sistema nervioso. Desde que llegó del viaje anda de médico en médico, pobre, porque además del botulismo... ¡no sabe cómo se le cae el pelo! Pero usted no le diga que yo le dije, porque después se enoja conmigo.

—Gracias, Elba.

Cuando Adriana volvió del baño, yo ya me había tomado media tetera de tilo, y estaba más calmada.

—Bueno —le dije—, perdoname, seguí contándome... ¿Qué pasó después de ver a los tiburones?

—Fue una experiencia tan fuerte que después de eso me quedé en el banco de arena como dos horas.

—Alucinada.

—No, paralizada —contestó—. Te juro que no me podía mover, quedé tan dura que Gustavo me tuvo que cargar hasta el bote como si fuera un maniquí, y después tuvo que hacerme respiración boca a boca...

—¿En serio?

—¡Toda la noche!... —dijo con cara de babosa.

—¡Qué viva!

—Así que al otro día, ya totalmente repuesta, decidimos que teníamos que hacer otro deporte de riesgo enseguida, porque es como cuando te caés de un caballo, si no montás otro al toque, después no vas a querer cabalgar nunca más.

—¿Al otro día? —yo trataba de no gritar—. ¡Perdoname, Adri, pero para mi gusto el caballo de ustedes ya está completamente desbocado!Pero, decime la verdad... ¿No te hace mal tanta adrenalina en el torrente sanguíneo?

—Entonces —ella siguió como si nada— elegimos hacer buceo con tanques, para poder nadar en el fondo del mar. Él me dio un pequeño curso, con las instrucciones básicas, pero yo te juro que a veces no lo escucho, porque estoy tan absorta mirándolo, y estoy tan embobada por él, que tengo ruido en la cabeza, así que me perdí la mitad de lo que me decía. Lo único que me quedó claro de todas las indicaciones que me dio fue que no conviene subir de golpe porque se te puede hacer una burbuja en el cerebro.

—¡Ah!... ¡pero eso no era un problema para vos!... ¡Habría que tener cerebro!...

—¡Qué graciosa, me muero de risa! —se enojaba—. Bueno, nos pusieron las máscaras y las patas de rana, unos tanques en la espalda que pesaban una tonelada, un tubo en la boca de un tamaño que hubiera merecido una garganta más profunda que la mía, pesas en la cintura para poder ir hasta el fondo, y nos tenían atados a una cuerda que nos ligaba al barco, por si llegaba a haber alguna emergencia. Lentamente fuimos bajando, y yo te juro que el fondo del mar es deslumbrante, pero los miedos en mi cabeza hacían cola para entrar. Tenía miedo a los tiburones, a que se me acabara el oxígeno, a respirar por la boca, a que se cortara la cuerda, a todas las cosas imaginables, hasta que apareció lo único que nunca hubiera podido imaginar. Frente a mí, surgiendo desde el fondo de la nada, dos astronautas japoneses, con cámaras fotográficas, siguiendo nuestros movimientos y sacándonos fotos a Gustavo y a mí. Te juro que yo esperaba encontrar cosas feas abajo del agua, un pulpo, una mantarraya, hasta una barracuda, pero la aparición de esos japoneses vestidos como para el espacio y sacando fotos fue como ver a Alien 1, 2 y 3. Del susto, me agarró una claustrofobia tan grande que quise subir de golpe y se me enredó el cable alrededor del tanque, y casi me asfixio y me ahogo y me explota la cabeza al mismo tiempo. ¡Nunca pasé tanto miedo en mi vida!

—¿Astronautas japoneses en el fondo del mar?... —le desconfié—. ¿Y eso de qué película lo sacaste?

—¡No eran astronautas, boluda, eran turistas japoneses! Pero les pusieron unos trajes de buzos con escafandras y ellos sacan fotos, no les importa dónde estén. Pero me pegaron el cagazo más grande de mi vida. En el camino de vuelta al hotel estaba tan tensa que apreté demasiado las mandíbulas y me rompí dos dientes.

—¡Pero es que todo lo que estás haciendo es peligrosísimo!... ¿Así que hacés todo esto sólo para estar con él?

—¡Por supuesto!

—¿Aunque tengas que compartir la cita con los tiburones?

—Peor sería quedarme acá, porque tendría que compartirlo con la novia.

—Bueno, yo no pensaba decirte nada al respecto, pero

ahora que lo mencionás te lo tengo que decir: ¿No te importa que él tenga novia y se esté por casar?... ¿Qué papel jugás vos en esa relación?

—El mismo que Michelle Pfeiffer en "La edad de la inocencia"... ¿te acordás? —dijo comenzando a delirar nuevamente—. Porque él estaba enamorado de ella, pero se casa con Winona Ryder, pero no porque la otra fuera mucho más joven sino porque era mucho más millonaria, pero él la sigue amando siempre a Michelle y se arruina la vida, porque cuando la otra se muere, él la viene a buscar, pero a ella ya no le importa, y...

—¡Basta, Adriana! —la interrumpí—. ¿No te das cuenta de que estás haciendo demasiado esfuerzo? Pero además Gustavo tiene la mitad de tu edad y un entrenamiento en los deportes. Vos sos una sedentaria empedernida que pasa ocho horas por día con el culo atornillado a un asiento. ¡Si el ejercicio más violento que te he visto hacer en tu vida es manejar el control remoto y te cansa!

—Cariño —suspiró—, nada es gratis en la vida.

—No, pero se puede buscar el precio justo, se puede regatear, no sé... Tanto peligro me parece un precio muy caro.

—¡Bueno, sabés que yo nunca me fijé en los gastos!... —sonrió minimizando la situación—. Además, aunque te cueste creerlo, Gustavo y yo somos almas gemelas, así que...

—Pero... —comencé a gritar, ya sin ningún rastro de tilo en mi organismo— sin son almas gemelas... ¿la otra qué es? ¿una trilliza?

—No te pongas así —me consolaba ella a mí—, yo estoy enamorada, así que para mí no es ningún sacrificio seguirlo mientras tenga resto.

—¿Y cuánto te queda?

—Un par de monedas —se rió—. Pero por lo menos mis nietos no se van a aburrir, eso es seguro.

—Sí, pero a este paso lo que no es seguro es que llegues a tenerlos.

—No te preocupes tanto por mi seguridad. No soy tan

inútil con los deportes. Además... ¿No eras vos la que siempre aseguraba que sólo la práctica lleva a la perfección?

—¡Sí, Adriana, en todo menos en la ruleta rusa!

————————————

"Si no me enamoro,
me aburro."

En el amor real se desea el bien de la otra persona.
En el amor romántico se desea a la otra persona.

M. ANDERSON

El encuentro con Adriana me dejó tan impresionada que me olvidé de preguntarle acerca de mi extraño sueño, aunque poco a poco iba empezando a tener sentido.

Si yo había ido a buscarla esperando alguna clase de interpretación teórica, ella se había encargado de darme una clase práctica en vivo y en directo del efecto de virus que el romanticismo podía llegar a tener sobre la mente femenina.

Pero entonces me puse a pensar en cada una de mis amigas y me di cuenta —no sin estupor— de que muchas de ellas eran adictas a la adrenalina del romance.

Que el undécimo mandamiento de sus vidas era: "No te aburrirás".

Que la pasión no sólo les era necesaria para dar sentido a su existencia, sino que les funcionaba como si hubieran encontrado la auténtica fuente de la juventud.

O, por lo menos, un bidón de cinco litros.

Porque con cada nueva pasión se ponían más luminosas, como si una luz les brillara bajo la piel.

Y todas tenían esa mirada de gato que se tragó un canario.

De golpe, recordé una enseñanza que leí en un libro de Swami Divagananda.

Hablaba de la diferencia de motivaciones entre los occidentales y los orientales. Decía algo así como:

"¿Qué tendría que haber en la cima del Himalaya para que un hombre escalara la montaña?"

Y las respuestas eran:

"Un hombre occidental sólo subiría si le dijeran que en la cima del Himalaya hay un tesoro.

"En cambio, a un hindú sólo si le dijeran que en la cima del Himalaya encontraría la verdad, él escalaría la montaña."

¿Adivinen qué tendría que haber en la cima para que una mujer subiera a la montaña?

¡Adivinaron!... ¡Ella subiría el Himalaya con unos stilettos de taco aguja si le dijeran que allí la espera el amor de su vida!

———————————————

Adictas a
la adrenalina

Lo más profundo... ¿es la piel?

El siguiente paso en mi búsqueda de las probables intoxicadas con romanticismo me llevó irremediablemente a pensar en mi amiga Lucy, una ex azafata que yo defino como "la que saca a pasear a los locos".

Lucy es una espléndida rubia natural, de ojos azul intenso y edad indefinible, dueña de un carácter bastante indómito, aunque especialmente quejoso.

Una de esas mujeres que van por la vida llamando al gerente. A pesar de ello, es otra romántica incurable que ha perseguido el amor por los cinco continentes.

Hombre por hombre.

En realidad, lo de ella es una mezcla del virus del romanticismo con una veta marcadamente kamikaze de su personalidad, gracias a la cual estuvo al borde de la muerte unas cuantas veces, pero jamás le faltó trabajo en ninguna aerolínea.

Su condición de azafata la hizo más volada que el promedio, y también la puso en contacto con todo tipo de personajes estrafalarios de los que inevitablemente se enamoraba.

Y —como si fuera poco— se casaba.

Tiene en su haber una lista de maridos que envidiaría Elizabeth Taylor y un nivel de insatisfacción que no podría superar ni su propia madre.

La pobre estuvo desde chica mal automedicada con toda clase de psicofármacos, hasta que descubrió que en realidad su droga preferida era la adrenalina.

Por lo tanto su vida ha sido una continua búsqueda

infructuosa de subidones terapéuticos que le duraban lo que un pedo en un canasto, pero por suerte la llevaban al filo de la muerte una y otra vez.

Según sus propias palabras, era lo único que la hacía sentir viva.

Dentro de su insatisfacción crónica, a veces Lucy sufría síndromes de insatisfacción aguda, que ocasionalmente lograba atenuar con aventuras descabelladas y matrimonios espasmódicos.

Como el que tuvo hace más de veinte años con su primer marido, un árabe por el que se fue a vivir a Beirut en plena guerra.

Me pareció la candidata ideal para continuar mi investigación.

Ese día, Lucy y yo estábamos sentadas en la confitería del lago de Palermo, con la intención de tomar un agua mineral después de una caminata.

Le conté acerca de mi sueño y traté de entusiasmarla para que me relatara más en detalle alguna de sus primeras experiencias matrimoniales, porque yo sólo le conocí las últimas y la verdad es que no tenían desperdicio.

Pero ella se resistía.

—Después de todo yo sólo me he acostado con mis maridos —mentía a sabiendas—. ¿Cuántas mujeres pueden decir lo mismo?

—Pocas, seguramente —le seguí la corriente—. Debe haber más de las otras.

—¿De cuáles?

—¡De las que el marido es el único con el que no se acuestan!

—¿Y qué tiene de malo casarse? —continuó defensiva—. Me casé todas las veces que quise y no veo por qué tendría que dar explicaciones.

—¡No seas paranoica, que nadie te está acusando de nada!... Sólo quiero que me cuentes de tus matrimonios, porque para mí tu vida afectiva es más interesante que las mil y una noches.

—Ah, claro, porque la tuya es la de Heidi.

—Bueno, creo que, de todas nosotras, vos ostentás el

récord. Por lo pronto, yo nunca me fui a vivir a Beirut en pleno bombardeo, por correr detrás de un hombre. Lo más lejos que llegué por uno fue a Piriápolis.

—No seas mentirosa —saltó—, que una vez te tuvimos que parar para que no te fueras al Rally París-Dakkar detrás de ese novio que tenías.

—¿Cuál?

—Ese rubio, alto, que se las daba de deportista, pero cada vez que intentaba algún deporte terminaba lastimado... ¿te acordás?

—Vagamente, porque me estás hablando de mi encarnación anterior.

—Bueno, mis matrimonios también fueron en mi encarnación anterior, así que si vos no te acordás, yo tampoco. Hacé memoria, uno muy alto, que una vez se tiró en paracaídas y se rompió las piernas, y ni bien se recuperó se fue al Rally París-Dakkar y abandonó la carrera a los cinco minutos de empezar porque era alérgico al polvo.

—¡¡Micky!!... ¡Cierto!... —me acordé de golpe—. Pobre, sólo a él se le podría haber ocurrido ir en un rally al desierto siendo alérgico al polvo.

—¡Sí, pero se ve que sólo era alérgico al polvo del desierto, porque mirá cómo te volvió la memoria cuando escuchaste la palabra polvo!

—¡No seas guaranga, Lucy!... ¡Cómo te acordaste de Micky, lo tenía completamente olvidado!... Sí, la verdad es que él me encantaba, pero no sé de dónde sacaste que pensé en ir al rally por él, tampoco estoy tan loca. Lo que sí hice por él fue subirme a un ultraliviano que él manejaba... ¡Con el terror que yo les tengo a los aviones!

—¡Pero a los hombres no les tenés ningún terror!... —me picaneaba—. ¿Viste?... ¿Viste?

—Lo que no hace más que confirmar mi teoría de que el romanticismo de las mujeres puede mover montañas, y que por un hombre somos capaces de soplar los yunques para que naveguen.

—¿Te acordás de que al principio de la relación ibas a correr y a hacer gimnasia con él? —se ensañaba Lucy.

—¡Al principio todas corren! —intervino el mozo, entrometido y confianzudo—. ¡Pero después se achanchan!

—¿Pero a usted quién le dio vela en este entierro? —lo barajó Lucy, indignada—. Si ni siquiera sabe de qué estamos hablando.

—Sí que sé —replicó el tozudo—. Al principio todas están dispuestas a hacer ejercicio, a acompañarte a la cancha, a cualquier lado, pero esperá un tiempito a que te atrapen, y después no las movés ni con un guinche.

—Y ustedes —me enganché como una boluda— al principio de una relación hablan como locos, mientras están haciendo el verso, pero una vez que se casan, guardan la lengua y prenden la tele.

—Pero... no sea confianzudo... ¿quiere? —lo increpó Lucy, cortante—. Está bien que seamos clientas habituales, pero no se pase de la raya. Traiga por favor un café y un cortado, y dos aguas minerales, una con gas.

—Tampoco se las puede tomar en un trabajo, porque se enamoran... y se van —seguía mascullando el mozo, sumido en su misógina obsesión.

El ataque de risa que nos agarró distendió el tema y entonces Lucy se mostró más abierta a las confidencias.

—Vos tendrías que haber conocido a Abdul —me dijo con cara de pícara.

—El árabe.

—Mi primer marido, Abdul El Salam, un árabe musulmán chiíta.

—¡No te digo que lo tuyo es un récord!... —me entusiasmé—. ¿Y se puede saber de dónde lo sacaste?

—Lo conocí en el aire.

—Sí —dije sin pensar—, eso es más que obvio... ¡Si nunca estuviste en otro lado!

Su mirada cortó la mayonesa de los sándwiches.

—No, por favor, no te enojes —le rogué—. Hasta te pagaría por esta historia, mirá si estaré desesperada por saber... ¿Así que lo conociste en un avión?

—Bueno, se puede decir que sí, en todos los sentidos de la palabra conocer. En realidad, Abdul y yo tuvimos un encuentro bíblico en un baño del jumbo de Arabian

Airlines, y nos enamoramos en el acto. Decidimos casarnos en pleno aterrizaje de emergencia cuando estábamos por chocar con la mezquita de Suleimanya. ¡Fue todo tan romántico!

—Sí —ironicé—. No se me ocurre nada más romántico... salvo, tal vez, la silla eléctrica. Y por él fue que te fuiste a vivir a Beirut.

—Bueno, él prácticamente me raptó —afirmó con orgullo—, pero yo por ese hombre me hubiera ido a vivir a la Atlántida, aunque no supiera nadar.

—¿Te raptó un árabe y te llevó a vivir en medio de los bombardeos?... ¿Y no te dio miedo?

—Nunca fui tan feliz en mi vida.

—¿Pero... por qué?

—Bueno —dijo con la mirada vidriosa—, porque ese hombre pestañeaba y provocaba una tormenta en el desierto. Él me tocaba y yo me derretía como un helado en el Sahara. Él me miraba y a mí se me abrían las aguas del Mar Rojo. Él me besaba y la arena se licuaba bajo mis pies. Hasta la baba que se me caía comenzaba a hervir en su presencia. Y yo también.

—¡Por eso le habrás gustado al árabe —comenté—, nunca habría visto tanta agua!

Lucy desoyó completamente mi comentario y continuó hablando, sumida en sus líquidos recuerdos.

—Tenía unos ojos negros como dos ciruelas, una piel aceitunada que le cubría todo el cuerpo, un lomo espectacular, un costillar que era un boccatto di Claudia Cardinale, un olor que te daban ganas de comértelo, una colita, unas nalgas... Ese hombre era...

—¡Una parrillada completa!

—¡Sí! —se rió—. ¡Lástima que en la cabeza tenía el vacío!...

—Pero se ve que eso no te detuvo.

—¡Pero es que era tan lindo! —se relamía—. Era una mezcla de Tom Selleck con algo de George Clooney y una pizca de Benicio del Toro.

—Y vos decidiste tomar a ese toro por las astas antes de que alguna otra vaca se presentara en la pastura.

—¡Exactamente! —se ufanaba—. Porque además el hombre le hacía honor a su apellido.

Cuando Lucy se pone procaz es porque quiere ocultar algo. Y aunque ella en ese momento no me lo dijo, yo me enteré por Norma, otra amiga azafata, que buena parte de su efímero matrimonio con el árabe transcurrió en un hospital de Beirut, lo que dio un breve recreo a su insatisfacción ya que estuvo ese lapso íntegramente enyesada y dopada con pentotal sódico (su fármaco favorito).

Dice Norma que su marido Abdul El Salam juró ante el altar de Emir Yoma en La Meca, que ése fue el único período en el que no se la oyó quejarse.

Pero parece que cuando Lucy se despertó de la anestesia, se enteró de que su flamante marido la había canjeado a sus amigos los beduinos por un camello y medio.

Pero ella —más rápida que un bombero y más romántica que Lady Di— transó con los beduinos por dos camellos y así pudo quedarse más tiempo al lado de su amado Abdul.

—¿Y cuánto duró ese romance? —pregunté desconfiada.

—¡Seis meses!

—¿Nada más?... ¿Y por qué?

—¡Porque exactamente a los seis meses de casados, mi querido El Salam fue a parar injustamente a una prisión turca por el rapto de 400.000 millones de dólares!

En medio de nuestras carcajadas, llegó el mozo con el pedido.

Con el pedido de otro.

Trajo dos cafés con leche, una gaseosa y un agua tónica, y empezó a ponerlos sobre la mesa.

—¡Pero será posible! —se irritó Lucy—. ¿En qué idioma hay que pedirle las cosas?... ¿Es tan difícil traer un café, un cortado y dos aguas?... ¿Por qué no anotan el pedido?

—¡Ya va!... ¡Ya va! —protestó el mozo, mientras cargaba de nuevo todo en la bandeja y seguía mascullando por lo bajo—: ¡Mujeres!... No saben lo que quieren... pero lo quieren ahora. ¡Y que uno se lo traiga!

—¡Este lugar es increíble! —se encrespó Lucy—. ¡Hay que pedir las cosas por lo menos tres veces para que te traigan lo que querés!

—Por favor —le rogué—, no te enrolles ahora con el mozo y seguí contándome.

—Bueno —retomó—, después todo tomó otro cariz. Estaba sola en Beirut, y una vez enterada de que la Argentina acababa de declararle la guerra a Inglaterra, decidí que era hora de volver al hogar dulce hogar. Así que me volví.

—¿Y así terminó todo? —pregunté.

—¡No! —contestó el mozo—. ¡También te llenan de hijos y después te abandonan!

———————

Pero yo debí imaginar que una adicción a la adrenalina como la de Lucy no se colmaría con un par de bombardeos en Medio Oriente.

Así que me siguió contando que al poco tiempo de haber regresado a Buenos Aires fue nuevamente asaltada por el aburrimiento y comenzó a padecer un síndrome de abstinencia.

Presa de su penúltima insatisfacción, organizó una festichola, y —embebida en alcohol— esa misma noche se tomó un avión a NY, a ver si allí encontraba un poco de conga. (Si hay algo que no se puede decir de ella es que no se esmera en buscar el adecuado ambiente terapéutico.)

—¡No sabés en qué estado me tomé aquel avión! —se reía la inconsciente—. Te juro que mis amigos tuvieron que arrastrarme hasta la manga, porque yo no sabía ni cómo me llamaba. Para colmo, el avión iba repleto y yo me arrastré como pude hasta el único lugar libre que había. Antes de desmayarme en el asiento, alcancé a vislumbrar al bombonazo que tenía sentado a mi lado, que me sonreía encantadoramente.

—¡Alucinabas!

—¡No!... ¡El bombón existía!... Durante toda la noche tuve sueños eróticos con Richard Gere y el Dalai Lama en el templo de Kamasutra, enredada entre los ocho brazos de la Diosa Kali, que a la mañana —cuando las azafatas me despertaron con el desayuno— resultaron ser los dos brazos del bombonazo que tenía al lado que me acariciaban tiernamente.

—¿Y... y... y... y? —yo me derretía como un bombón envidioso.

"Bienvenida, Bella Durmiente", dijo que le susurró

el bombón. "Prometo no decirle a nadie que dormimos juntos".

O sea que Lucy —más rápida que un Exocet— ostenta el récord mundial de haberse levantado a un tipo estando absolutamente dormida.

—¡Lucy, qué extraordinario lo tuyo!... —me entusiasmé—. ¿Cómo hacés para engancharte a alguien en cada viaje?

—Lo que no sé es cómo hacer para no engancharme a alguien en cada viaje —se pavoneó—. ¡A mí, el solo hecho de viajar me achica el pie!

—¿Y eso qué tiene que ver?

—¡Porque me subo a un avión y la chancleta se me sale sola!...

—Prometo recordarlo —le dije—. Bueno, seguí contándome.

—Te cuento que el bombón se llamaba Maximiliano.

—¿Y era lindo?

—Sólo si te gustan los dioses griegos —se ufanaba la arrogante—. Era un colombiano espectacular, una cruza de Richard Gere con Andy García, pero con unos ojos verdes deslumbrantes, y un look mundano y sofisticado que resultaba sencillamente irresistible.

—¡Pero vos sí que tenés más culo que cabeza, Lucy!... ¿Y entonces?

—Antes de que se enfriara el café con leche, ya nos habíamos comprometido para casarnos, y él selló el acto con una donut que me puso en el dedo a manera de anillo provisorio, mientras me prometía el de oro y el del moro.

—Pero... ¿En qué aerolínea viajás que no hacés más que encontrar maridos en los aviones? ¿En Air... ótica?... ¿Y entonces?

—Yo —siguió Lucy incontenible—, sin saber a ciencia cierta si todavía estaba soñando o no, pero sin ningún interés en averiguarlo, oscilaba entre la desconfianza y el arrobamiento y opté por este último.

—¡Qué oportuna!

—Ni bien bajamos del avión nos estaba esperando una limusina que nos transportó hasta un yate que nos transportó a un helicóptero que nos transportó a un universo alternativo en el que las bandejas de caviar y champagne circulaban a un ritmo que terminaron por descompensarme, y me desmayé tres veces seguidas.

—¡Pero será posible!... —yo no tenía consuelo—. No me digas que te descompusiste en el medio de semejante sueño hecho realidad. ¿Qué te dio? ¿Uno de tus típicos brotes de alergia a la felicidad?

—¡Sí, mezclado con el pedo de la noche anterior! Pero mi príncipe azul lo resolvió rápidamente compartiendo conmigo, en un bar del Village, una sobredosis de cerveza Budweiser, que me estabilizó inmediatamente.

—¡Menos mal!

—En ese preciso momento apareció un personaje bastante bizarro, amigo de Maximiliano, que nos arrastró a un cumpleaños de una amiga de una amiga de un amigo.

—¡Una fiesta en Nueva York!... —me entusiasmé—. ¡Cartón lleno!

—Esperá que esto recién empieza —dijo Lucy—. La festejada se llamaba Marita y era una actriz porno, ex Miss Venezuela, radicada en NY. La mina tenía puesta una minifalda tan corta que cuando se movía, se le notaba hasta Caracas.

—¿Por qué?... ¿Se le marcaba la bombacha?

—¡Otra que bombacha!... ¡Podías identificar sus órganos!... Estaba filmando una película que se llamaba: "Dura de vestir". Pero vista desde atrás era una rubia espectacular.

—¿Por qué desde atrás?... ¿De adelante era fea?

—Bueno, no tenía nada tan grave que un congreso de los mejores cirujanos plásticos no pudiera arreglar.

—¿Por qué? —yo no soportaba la risa—. ¿Qué tenía?

—Tenía piel de naranja y de durazno al mismo tiempo. Poros muy abiertos y pelo en la cara. No sé, tenía una ensalada de frutas en la cara. La pobre estaba pintada como una puerta, pero no tenía arreglo. Esa cara, más que maquillaje, necesitaba una bombacha. Pero la chica ostentaba también unas glándulas mamarias que podrían acabar con el hambre en el mundo.

—¡Ah! Me quedo más tranquila... ¿Y la mina vivía en Nueva York?

—¡Sí!... Estaba trabajando también en teatro, en una obra del off Broadway, "Lady Godiva"... creo.

—¿Y ella hacía de Lady Godiva?

—¡No!... ¡Ella hacía de caballo!

—¿Así que el festejo era por su cumpleaños?

—¡Sí!... Vos sabés que yo, para jorobarla, le pregunté cuántos años cumplía, y me dice muy oronda: "¡Yo nací en el 50!..." ¿Antes de Cristo?..., le contesté.

—¿Por qué?... ¿Cuántos años tenía?

—Mirá, esto sucedió por los años 80 y pico, así que la mina pretendía pasar por una de 35.

—¿Y no pasaba?

—Sí —dijo Lucy—, hubiera podido pasar en la niebla y con una lámpara detrás.

Nuestras carcajadas asustaron al mozo, y se le cayó la bandeja que traía con otro pedido equivocado.

Lucy seguía incontenible con su historia, pero el recuerdo de la tal Marita hacía que su tono de voz fuera subiendo varios decibeles a medida que el relato avanzaba.

—Su fiesta de cumpleaños transcurría en un piso del edificio Dakota, decorado en un estilo art déco que quitaba el aliento. La fiesta estaba a tope, con gente de lo más sofisticada de Nueva York, pero ni bien Maximiliano y yo transpusimos la puerta, apareció una perrita caniche blanca que se abalanzó sobre los pantalones de él, ladrándole desenfrenadamente sólo a él, sin que el pobre supiera qué hacer para sacársela de encima.

—¿Y por qué le ladraba a él?

—¡Eso nos preguntábamos todos!... —se enojaba con retroactividad—. La perra sólo le ladraba a él, y el pobre estuvo luchando un buen rato con la caniche, pero una vez que logró calmar a la perra, fue Marita la que se abalanzó sobre los pantalones de Maxi, y no le ladraba, pero tenés que ver cómo le movía la cola.

—¡Otra perra!

—¡Rabiosa!... —afirmó—, pero con las pezuñas hechas en la manicura.

—¿Pero qué era? ¿Una ninfómana?

—Mirá —dijo Lucy en el colmo de la indignación—, esa mina sería una ninfómana si sólo se pudiera tranquilizar un poco. ¡Porque eso no fue todo!... ¿Podés creer que no contenta con haberse refregado a mi novio delante mío, se le paró delante, lo miró fijo a los ojos y le dijo autoritariamente: "¡Dame un pase!"?

—¿Un qué?...

—¡Un pase de cocaína!... —gritó Lucy fuera de sí, y la tierra no me tragó aunque se lo pedí desesperadamente.

—¡Hablá un poco más fuerte que el policía de la otra cuadra no te escuchó bien! —la pellizqué.

Pero ella no se dio por enterada.

—¡Así como lo oís!... —continuó un poco más bajito—. ¿Podés creer?

—¡Ah!... ¡Pero entonces la mina era de la pesada!... ¿Y él qué hizo?

—Él quedó petrificado y boquiabierto, cosa que Marita aprovechó para llevárselo raudamente a su dormitorio... y ¿sabés qué hizo? La guacha cerró las puertas corredizas del dormitorio delante de las narices de todos los invitados y se encerró con llave y con él.

—¿Y vos?

—Yo, en pleno ataque de locura, me puse a mirar por la cerradura y alcancé a ver que Marita avanzaba hacia él con una bandeja de plata grande y vacía, y que la ponía sobre la cama indicándole que la llenara. Entonces lo escuché a él que, sorprendido, le pregunta: "¿Y tú cómo sabes que yo tengo blanca?" Y a Marita que le contesta: "Por mi perrita Dolly, que es adicta. Desde que una vez tuvimos un disgusto, porque la pobrecita se tomó sin querer —creyendo que era Eukanuba en polvo— una bandeja entera de cocaína. Yo me indigné en ese momento porque la Eukanuba me salió una fortuna, pero con el tiempo pude amortizarla, porque ahora, cada vez que huele cocaína, me avisa".

—¿Una perra adicta a la cocaína?... —yo no le creía una palabra—. ¡Lucy, vos estás inventando esta historia y me estás haciendo un verso, porque esto no puede ser cierto!

—¡Te juro por las cenizas de Yoko Ono que es verdad! —dijo muerta de risa, mientras se besaba los dedos.

—¡Si Yoko Ono está viva!

—¡Sí, pero no sabés cómo fuma!

—Lucy, ese chiste es viejísimo.

—Bueno, yo no soy una profesional del humor como vos.

—¡Te morirías de hambre!... —aseguré—. Pero lo que no podés negar es que sos una profesional del matrimonio. Así que primero te casaste con el hijo del Sheik, y después descubriste que estabas casada con el Cártel de Medellín... ¿Y entonces?

—Yo no podía salir de mi indignación, así que les golpeé bruscamente las puertas del dormitorio para increparlos, cuando ellos, contritos, se recompusieron y volvieron urgentemente a la fiesta.

—¿Pero... y a él... no le pediste una explicación?

—Estaba en ese trámite cuando se abrió la puerta de calle y entró un sujeto negro imponente que produjo una química en el ambiente que congeló la fiesta. El aire se podía cortar con un cuchillo, y el hombre traía uno, no sé si para cortar el aire o para cortarla a ella.

—¿A Marita?

—Sí, porque ni bien entró, empezó a gritarle cosas como: "Perra, yegua, estafadora, te voy a matar con esta navaja"..., mientras ella, muerta de miedo, se aferraba a Maximiliano que estaba más muerto de miedo que ella.

—¡Pero esto es un thriller!... No quiero imaginarme cómo termina. ¿Cómo es que nunca me lo habías contado antes?

—¡Escuchá, porque sigue!... —se impacientaba Lucy—. El mastodonte se iba acercando mientras le gritaba a Marita todo tipo de improperios y amenazas de distintas formas de muerte. El tramo entre el tipo y las puertas del dormitorio era largo, y yo no sabía dónde meterme mientras él se acercaba increpando a Marita —que estaba como cosida a Maximiliano— reclamándole un dinero que ella le había robado. Pero en el momento en que el hombre ya estaba frente a ella, de golpe se detuvo y mirando a Maxi a los ojos le dijo: "¡¡Maximiliano!! ¡¡Brother!!" Y escuché atónita a él que le contestaba: "¡Osvaldo! ¿Eres tú?"

—¿Yyyy...? —yo no aguantaba de la ansiedad.

—En ese momento —siguió Lucy—, yo, Marita y el resto de los doscientos amigos íntimos de la dueña de casa preguntamos al unísono: "¿Cómo?... ¿Ustedes se conocen?". Y entonces Osvaldo el mastodonte dijo, refiriéndose con devoción a Maxi: "Sí, él es mi maestro espiritual", al tiempo que se abalanzaba sobre él y ambos se fundían en un abrazo. "Me olvidé de mi mantra... —lloriqueaba Osvaldo—, ¿podrás perdonarme?"

—¿Pero cómo?... ¿Entonces tu novio era un maestro espiritual?... ¿Y no te lo había dicho?

—No, yo me enteré en ese instante de que él se hacía llamar maestro y que tenía discípulos en todo el mundo, pero eso sólo me hacía enamorarme más.

—¡Pero Lucy!... —me enojé—. ¡Un maestro espiritual que tomaba cocaína!... ¿No te dio sospechas?

—Al principio yo no me daba cuenta de nada —contestó con un destello de vidrio en sus ojos azules— porque el hombre en el sexo era un verdadero gurú, o sea, estaba dedicado al servicio de los demás... ¿Hay mejor?...

—No sé bien a qué te referís.

—A que él —dijo ya chorreando baba— era el único hombre que conocí en mi vida que creía que el cunnilingus era una forma de plegaria. Decía que ya que tenía que estar de rodillas... Te podrás imaginar que yo lo colmé de bendiciones.

—¡Ahora lo comprendo todo!

—Sólo con el tiempo descubrí que su salud mental no era precisamente el peñón de Gibraltar.

—¿Y entonces qué hiciste?

—¿Qué iba a hacer? —dijo la inconsciente—. ¡Me casé con él!

—¿Pero qué decía tu libreta de matrimonio?..."¿A quien pueda interesar?"... ¿Y cuánto duró este matrimonio?

—¡Los quince días que nos quedamos en NY!

—¿Por qué?

—Porque en ese tiempo me di cuenta de que él era

un adicto grave. En su mesa de luz tenía un cajón lleno de psicofármacos, y poco a poco fui descubriendo que él tomaba anfetaminas para subir y sedantes para bajar, y que tenía sometido su organismo a una montaña rusa que ya le estaba por explotar el cerebro. Una noche se había tomado un Rohypnol porque era insomne, y a los cinco minutos lo veo dándose un saque de cocaína. "¿Qué hacés?", le pregunté. Y él, con cara de pícaro, me contestó: "¡Le estoy dando guerra al Rohypnol!".

—¡Otro kamikaze! —exclamé—. ¡Y ahí mismo lo dejaste!

—No, lo dejé pocos días después, cuando lo volví a ver coqueteando con Marita.

—¡Ah!... ¿Por eso lo dejaste? —me tenté—. ¡Pero vos sí que estás del tomate! No te importó que fuera un adicto, ni un chanta, te bancaste las cosas más espantosas de él y lo dejás porque lo viste coquetear con la otra... ¡Qué exagerada!... ¿Dónde estaban?

—¡En la bañera!

Por un rato no me atreví a preguntarle nada más.

Pero ella ya no podía parar y me siguió contando que, después de eso, se volvió a divorciar, aunque más tarde se fugó con un diplomático peruano y se exilió como portorriqueña en Quito.

—Pero después de un par de años me aburrí y me volví a vivir a Buenos Aires —concluyó Lucy— y ya de acá no me muevo. Para los adictos a la adrenalina, éste es el lugar indicado. Arriesgás la vida en cada semáforo. Y con eso me alcanza, te juro que yo no me caso nunca más.

—¡Menos mal, porque todos tus maridos parecen cortados por la misma tijera!

—¡Sí! —sonrió—. ¡Oxidada!

—Puede ser, pero no se puede vivir sin ellos...

—¡Con ellos tampoco!

—¡Vamos Lucy!... No me vas a decir que no te gusta más estar enamorada, si vos misma dijiste que es el estado más divino que se puede tener... Todo se ve de otro color...

—¡Sí, negro!

—¿Y no te quedó algún buen recuerdo de tus matrimonios?

—¡Imborrable! —afirmó—. Todos los años marco las fechas de los aniversarios en el almanaque que tengo en la pared y les tiro dardos.

Me despedí pensando:

¡No hay caso! El cinismo es el último refugio de los románticos.

———————————

A los pocos días de nuestra conversación, sucedieron los eventos del 11 de setiembre, que conmocionaron al mundo. Lucy y yo estuvimos en contacto todos los días por teléfono y por mail, comentando los últimos sucesos.

Pero un día la llamé y le pregunté a boca de jarro:

—¡Lucy! ¿Te pusiste a pensar que vos estuviste casada con un musulmán chiíta?... ¿Y que viviste en Beirut?... ¿Te das cuenta a lo que estuviste expuesta?... ¡Mirá si ahora tu ex es un talibán!... ¿Y si seguías casada con él?... ¿Qué te hubiera esperado?... ¿La burka con el enrejado de Hannibal en la boca?... ¡No te hubieras podido quejar nunca más de nada!... ¡No creo que hubieras podido sobrevivir a eso!

—¡Muy graciosa, me muero de risa!... —me contestó con mala onda—. Pero a mí no me preocupan los talibanes, porque mi amiga Corinne, que vive en EE.UU., me acaba de mandar un mail que dice que allá encontraron la solución para el problema.

—¿Ah sí?... ¿Y cuál es?

—Conectate que te lo mando, así lo leés con tus propios ojos.

Me conecté.

El mail decía así:

"MENOPÁUSICAS ATÓMICAS:

"Recluten a todas las mujeres que tengamos por lo menos 4 ó 5 años de menopausia, pónganos en entrena-

63

miento por un par de semanas, provéannos de armas automáticas, granadas, máscaras de gas, crema humectante con protector PF1500, Prozac, hormonas y chocolate, tírennos (en paracaídas preferiblemente) sobre el paisaje de Afganistán y déjennos hacer lo que surja naturalmente.

"Piénsenlo.

"Ya sólo con nuestra cuota de furia normal —aun cuando estemos realizando tareas habituales como las compras del supermercado o pagando cuentas— es más que suficiente para hacer temblar incluso a los hombres con turbante.

"Hemos tenido nuestros hijos, y con gusto sufriríamos o moriríamos por protegerlos a ellos y a su futuro.

"Por otro lado, nos gustaría alejarnos un poco de nuestros maridos, si es que ya no se han ido con otra más joven.

"Y para aquellas de nosotras que aún estén solteras, una reciente encuesta demostró que tienen más posibilidad de ser aplastadas por un meteorito que de encontrar un buen hombre con quien compartir la vida.

"No tenemos nada que perder.

"Hemos sobrevivido a la dieta del agua descremada, a la de las proteínas, a la de los carbohidratos, a la del pomelo, en gimnasios y saunas a lo largo del país, y nunca pudimos perder ni un kilo.

"Podemos sobrevivir fácilmente durante meses en el terreno hostil de Afganistán sin comer.

"Hemos pasado años buscando a nuestros maridos, o amantes, en los bares, en los partidos de fútbol o en las casas de otras mujeres... Encontrar a Bin Laden en alguna cueva no será difícil.

"Déjennos ir y pelear.

"¿Los talibanes odian a las mujeres?... ¡Imaginen el terror que les va a dar cuando nosotras aterricemos como termitas con los calores sobre ellos!"

El mail me pareció buenísimo, así que llamé a Lucy inmediatamente y quise hacerle un chiste, pero no la encontré en su mejor momento.

—¡Lucy!... ¡Extraordinario el mail de Corinne!... Pero

me quedé preocupada... Vos... con tu consabida adicción a la adrenalina... ¿no estarás pensando en unirte a ese comando, no?

—¡Más menopáusica será tu abuela! —dijo y me colgó.

———————————

El orgasmo
permanente

El tema del romanticismo como un virus que ataca principalmente a las mujeres fue tomando cada vez más fuerza a medida que pasaban los días.

Porque recordé que la zona erógena más importante de una mujer es su mente. ¿O debería decir su imaginación?

Y que los hombres soportan mejor que nosotras las relaciones rutinarias porque ellos encuentran adrenalina en sus vidas profesionales, y no hay duda de que encuentran libido en el poder.

En cambio, las mujeres queremos emoción y aventura en las relaciones personales.

O sea, ellos encuentran su adrenalina en el afuera, y en cambio nosotras la buscamos adentro.

De los pantalones de ellos.

—Por eso las mujeres se casan con el príncipe Alberto y después lo dejan por el Puma Rodríguez —pontificó mi amiga Laura.

—No sé con cuál de los dos no quedarme, Laura, qué ejemplo deprimente —me ofusqué—. Pero lamento decirte que las personas que buscan la pasión constante y el orgasmo permanente no pueden tener relaciones muy largas.

—¿Quién lo dice? —se encrespó.

—¡Yo lo digo!... Cuando veo a parejas como Angelina Jolie y Billy Bob Thornton —que entre los dos tienen la estabilidad emocional de Calígula— hacerse sendos tajos en los brazos y mezclarse la sangre como prueba de amor, o tatuarse el nombre del otro en las partes privadas, siempre me pregunto: El día en que se les acabe el romance y tengan que hacer la división de bienes..., ¿qué van a hacer?... ¿Se van a despellejar los tatuajes, se van a repartir la sangre? El día en que las ansiedades de la vida en común sucedan a las alarmas del romance..., ¿de qué se van a disfrazar?

—¿Y a quién le importa? —se impacientaba Laura—. Si alguien me promete que voy a pasar cinco años de exaltación amorosa, yo compro. ¿Que después se acaba la relación?... ¿Y qué? ¿Acaso las otras no?... Acordate lo que dice el amigo Emanuel.

—¿Qué dice?

—"No te enamores del aburrimiento. No es tan seguro como parece."

———————

Esperando
al
Mesías

EL CASTING DE LAURA

Sólo quiero un hombre que sea amable,
comprensivo, compañero, inteligente, tierno y sexy.
¿Es demasiado pedir por un millonario?

ZSA ZSA GABOR

Mi amiga Laura es una exitosa arquitecta sumamente atractiva a sus 47 años.

Tiene el pelo color rojo flameante y los ojos verdes, es muy alta y con una cintura milimétrica, en síntesis, una de esas mujeres que seducen hasta a los semáforos.

Estuvo casada algunas veces, pero el matrimonio le da asma.

Aunque ella no ceja. Es una auténtica militante en el tema hombres y jamás abandona la búsqueda.

Lo de ella es una mezcla de virus del romanticismo con una especie de espíritu de cruzada en busca del vellocino de oro (o de la testosterona de amianto).

Porque sigue esperando encontrar a un príncipe azul que no destiña.

O que por lo menos aguante unos cuantos lavados.

—Vos te reís, pero te aseguro que la mía es una búsqueda científica —se ufanaba—. Sólo que los científicos trabajan con las ratas, y yo trabajo con los hombres.

—Sí —le contesté—, pero si hubieras puesto toda la energía que le ponés a la búsqueda del hombre ideal en la ciencia propiamente dicha, habrías podido dividir el átomo con los dientes.

Paralelamente a su adicción al romance, cada vez tiene más y más pruritos con respecto a los varones.

Los califica por cualquier cosa y los descalifica por lo mismo. Pero no se puede negar que es una auténtica alquimista de la testosterona.

Ella puede convertir a los sapos en príncipes y otra vez en sapos en menos tiempo de lo que dura un orgasmo.

Ese día, ella, Lucy y yo hacíamos una de nuestras habituales caminatas por el lago y en la segunda vuelta nos baraja con la siguiente frase:

—Conocí a un tipo que me gusta él pero no me gusta lo que hace.

—¿Laura... otra vez?... —saltó Lucy—. ¿Qué le pasa a éste?... ¿Es proctólogo?

—No, es consejero en impotencia masculina.

—¿Y qué tiene?... ¿Te da sospechas?

—No, pero ahora con el Viagra se le acabó el negocio.

—¿Y por eso ya lo desechaste?... —salté yo—. Pero Laura, hace poco rechazaste a uno porque era odontólogo, a otro porque era inmobiliario...

—¡No empieces!... A Claudio no lo rechacé porque fuera inmobiliario, sino porque era impresentable. La segunda vez que salimos, llevaba puesta una cadena con cruz que era una gronchada. Quedó crucificado en su propia cadena. Lástima, porque la primera vez nos habíamos divertido mucho. Él estaba bastante anotado, pero yo no quise seguirla porque no sé si me gusta.

—¿Por qué?... —Lucy no aflojaba—. ¿No decís que lo pasaron bien?

—Sí, pero es muy groncho.

—Bueno, pero ya es hora de que empieces a explorar por ese lado, porque por el de los intelectuales ya viste que no va. Acordate de cómo te divertías con Javier, que también parecía medio camionero, y cómo te aburriste con Emilio, que era un intelectual.

—¡No!... —se encrespó Laura—. ¡Nada que ver, no se pueden comparar! Claudio tiene más calle que el otro, es más atorrante. Emilio había hecho un máster con De la Rúa.

—¿En política?

—¡No!... ¡En aburrimiento!... Al principio parecía otra cosa, un intelectual de izquierda, un tipo prestigioso, pero tenía una fundación en contra de la discriminación y era un misógino de aquéllos. Ni bien me conoció, me regaló dos de sus aburridísimos libros, que yo empecé pero no pude terminar. Una noche que fuimos a cenar, él hablaba y hablaba, como era su costumbre, y de repente me dice: "¡Basta de hablar de mí!... Hablemos de vos... ¿Te gustó mi libro?".

—¡Qué desubicado!... ¿Y cómo se llamaba el libro?

—"¡Hablame de mí!"

—¡No es cierto!

—¡No, boluda, es un chiste!... En realidad —siguió Laura—, ese tipo tendría que escribir un libro que se llame: "He cometido el peor de los pecados. He sido un aburrido".

—¿Y cómo te lo sacaste de encima?

—No te creas que fue fácil, porque el tipo era muy intelectual pero no captaba las sutilezas. Al principio le dije algo sutil, como: "Eso que decís es casi interesante".

—¿Eso fue lo sutil? —Lucy no le daba tregua—. ¡Cómo será lo evidente!

—¿Vos te creés que se mosqueó? —dijo Laura—. Siguió hablando de sí mismo como si nada. Así que tuve que recurrir al plan dos, y le dije con mi mejor sonrisa: "Si tenés ganas de hablar, puedo fingir que me interesa".

—¡Qué bestia que sos Laura!... ¿Y el tipo no se ofendió?

—¡Le entró por un oído y le salió por el otro! Siguió hablando de sí mismo un rato más, así que no tuve más remedio que poner en marcha el plan tres, y en un momento que en el que paró para respirar, le dije: "No sabés cómo me gustaría tener un coeficiente intelectual más bajo para poder disfrutar más de tu compañía".

—¡No me vas a decir que eso tampoco lo entendió!

—¡Desapareció sin dejar rastros!

—¡Por eso!... —Lucy volvió a la carga—. ¿Por qué no le das una chance a Claudio?

—¡Porque lo único que te puedo decir de Claudio es que nos divertimos esa noche y que él no dijo ninguna pavada!

—¿Y te parece poco? —gritó Lucy—. ¿Era divertido y

no dijo ninguna pavada?... ¡Es el príncipe azul!... ¿La única noche divertida de la década y te parece poco?... El futuro ya pasó... ¿y vos seguís esperando?

Laura desconoció completamente el comentario y siguió con el relato de sus conquistas.

—La semana pasada conocí a otro tipo que me gusta pero es cirujano.

—¡Un cirujano es perfecto!... —dije yo—. ¿Qué tiene de malo?...

—¡Dios nos libre!... Un tipo con cara de cortar carne. Un tipo que hace sangrar a la gente. Que me mira las cicatrices y me dice que todas mis cirugías están mal hechas. Me hace acordar a los peluqueros, que siempre están criticando el corte anterior.

—Bueno, pero con un cirujano en casa te vas a poder hacer todo lo que quieras.

—¿Estás loca?... ¿Y que me mire por dentro?... ¿Cómo conservás el erotismo después?... No, no me gustó, porque además el tipo era muy carnicero en los modales.

—¿Ah, sí?

—Mirá, la segunda vez que salimos, estábamos hablando de cirugías, y yo le pregunté por la cirugía de cuello que se quería hacer mi hermana, pero ni siquiera me dio tiempo para decirle para quién era cuando él me puso una mano en el mentón y, mirándome el cuello, me dijo: "Y sí, ya te la merecés". Decime la verdad... con ese discurso, ¿se puede seducir a alguien? Ese tipo será muy buen cirujano, pero es tan seductor como un bisturí.

—¡Lástima!... No estaría mal un médico... Cumplirías el sueño de tu madre, una chapa en la puerta y consultas gratis.

—No, los médicos no sirven, los llaman a cualquier hora... ¡Quién quiere!... Además era pelado, y yo no puedo salir con un hombre que no tiene pelo.

—¿Por qué? —se ensañaba Lucy—. Si has podido salir con hombres que no tienen cerebro.

—Pero... ¿ves?... ¡Con ésos me llevo mejor! —respondió Laura sin achicarse—. El pintor que conocí en lo de Norma, Marcelo, es un tipo inteligente y con sentido del humor, lástima que no me gusta dónde vive. Pero además, usa zapatos blancos... ¡Inadmisible! Ni bien se los vi, se me bajó el clítoris.

—¡Pero vos estás cada día más loca, Laura!... —se indignó Lucy—. ¿Entonces lo desechaste a éste también... por un par de zapatos?

—No, no lo deseché, creo que va a ser mi mejor amigo. Tiene una casa hermosa, en San Isidro, con pileta.

—¡Ah! Si tiene pileta, es un tipo inteligente y baila bien —la cargaba—. Además, en la pileta se saca los zapatos. ¿Así que tiene una casa linda?... ¿Y por qué dijiste que no te gustaba dónde vivía?

—Bueno, la casa era linda, pero no me gustaban los revestimientos, todo lo que le había puesto era horrible.

—Mmmm..., eso es peor que los zapatos, porque podrías regalarle unos zapatos nuevos, pero no te veo regalándole otra casa.

—Yo se la podría dejar divina si él me da la guita.

—Pero Laura —intervine—, ¿vos estás buscando un novio o un cliente?

—¡Las dos cosas! —contestó—. No sé por qué tendría que restringirme. ¿No sería perfecto? Juntar lo bonito con lo práctico. Mi hombre ideal tiene que cubrir todas las áreas.

—Vos no estás esperando al hombre ideal, Laura. Vos estás esperando al Mesías.

—¡Puede ser! —replicó muerta de risa—. ¡Es lo menos que se merece una diosa como yo!

Seguimos caminando unos minutos en silencio, hasta que Laura volvió a la carga:

—¿Sabés que Roxana empezó a ir a un grupo de Alcóholicos Anónimos?

—¿Roxana se volvió alcohólica? —me angustié—. ¡Pero si era budista!

—¡No, no va por ella! Va a ver si conoce a alguien.

—¿A un alcohólico? —empezó a gritar Lucy—. ¡Pero Roxana está del tomate! ¿Qué piensa? ¿esperar a que se recupere?

—¡No sé! Te juro que no sé cómo puede, yo no podría ni loca... No me gustan los alcohólicos, para eso prefiero ir a Narcóticos Anónimos, por ahí me encuentro algún loquito divertido...

—Sí —dijo Lucy con conocimiento de causa—, pero mirá que un loquito divertido es pan para hoy y hambre para mañana.

—A mí no me importa, yo quiero comer hoy, mañana ayunaré.

—¿Pero la próxima estación cuál es? —Lucy se la quería comer cruda—. ¿Ir a buscar hombres a la cárcel?

—¡No te creas que no lo pensé!... Para lo que se encuentra en la calle... ¡Pero no hay derecho! Al final, tanto gimnasio, tanto Xenical, tanta inversión que una hace para estar 10 puntos, y ¿para qué?... ¡Si nunca se recogen los intereses!... No se sabe dónde están los tipos que valen la pena. O sí, están en su casa con su señora y sus hijos... ¿Pero suelto? ¡Ninguno! Y si por ahí aparece alguno, quiere salir con una pendeja.

—Es que las pendejas son la compañía ideal para un tipo de nuestra edad —dijo Lucy.

—¿Por qué?

—En primer lugar, porque es muy probable que ellos estén en conflicto con su sexualidad, por lo tanto salir con alguien con un culo de piedra ayuda. Pero además, porque una pendeja les cree que ellos son lo que dicen que son.

—¡Sí, tenés razón, ésa es una ventaja que nosotras ya no tenemos! —se lamentaba Laura—. ¡Pero las pendejas después quieren casarse y tener hijos!

—Y sí —Lucy no aflojaba—, pero a ellos formar nuevas familias les funciona como un parche de hormonas por un buen rato.

—Bueno —remató Laura—, tal vez ha llegado la hora de comunicar al mundo que las mujeres mayores también tenemos nuestras ventajas. A saber: No queremos casarnos, no queremos tener hijos y, definitivamente, no nos molestaría ser un objeto sexual. ¡Más que eso!... Somos las mejores, las más agradecidas, porque tal vez ¡lo estemos haciendo por última vez!

—¡La boca se te haga a un lado! —saltó Lucy—. ¡Vos no tenés paz, Laura!

—Es cierto, estoy un poco preocupada porque ando muy nerviosa, tengo como un desasosiego filosófico... una angustia metafísica...

—Se llama ansiedad, Laura.

—Es que éstos son los años dorados, son los golden, ¿entendés? Hay que sacarles el jugo como sea, hay que quemar los últimos cartuchos antes de que se mojen. Y yo me quiero divertir, así que... ¡habrá que seguir con el casting!

—Ya lo sé —dijo Lucy—, pero por ahora el jugo te lo estás sacando a vos, porque si seguís con esta ansiedad te podés quedar seca.

—Te juro que yo le pido a Dios que me mande paciencia, pero no tengo tiempo para esperar la respuesta.

—Pero tenés que tratar de tranquilizarte un poco —la consolé—. Confiá en que ya te va a llegar el hombre soñado. Pedíselo al Universo.

—El Universo no contesta. Tiene muchos pedidos, no da abasto. Hay que ponerse en lista de espera.

—Bueno, tratá de pensar en otra cosa —insistí—. ¿Por qué no aprendés a meditar? Eso tranquiliza mucho la mente.

—¿A meditar?... ¿Te parece?... ¿No me hará mal?

—¡Y sí! —la cargaba Lucy—. Tené cuidado porque te puede dejar demasiado tranquila.

—¡No jodas, que le estoy hablando en serio!... —me enojé—. De verdad Laura, me parece que te puede ayudar, la meditación te centra mucho, no te deja dispersar la mente. A pocas cuadras de tu casa hay un templo budista, ¿por qué no preguntás ahí?

La cara de Laura se iluminó.

—¿Sabés que tenés razón? Yo no puedo seguir así. Tengo que dejar de darme manija con los tipos, voy a empezar a meditar, voy a ir a un templo budista a que me enseñen algunas técnicas de meditación. Por ahí me encuentro a algún monje copado.

Y Lucy, por lo bajo, comentó:

—¿Y no será más rápida una lobotomía?

MILITANTES DE LA PASIÓN

Un hombre que nunca le miente a una mujer,
tiene muy poca consideración por sus sentimientos

OLIN MILLER

Un par de meses después, Laura y yo nos citamos para cenar en un restaurante de Palermo Viejo.

Ella llegó primero, y cuando llegué yo la encontré coqueteando descaradamente con un señor de la mesa de al lado.

—Anoche me pasó algo horrible —me dijo a boca de jarro.

—¿Qué?

—¡Nada!...

—¡Ay, qué boluda!... ¡Me asustaste!

—¿Podés creer que este tipo hace un rato largo que me mira con cara de carnero degollado, pero no se acerca ni a preguntar la hora? —preguntó sin disimular la indignación.

—Bueno, es un hombre mayor, necesitará tiempo.

—No tenemos tiempo, la gente mayor tiene menos tiempo que nadie... ¿Todavía no se dio cuenta?

—No sé si es tan así —yo trataba de darle ánimo—. En todo caso, no para nosotras. Porque las mujeres de una cierta edad venimos de una época de tanta represión de nuestra sexualidad, que estamos atrasadas en el sexo, somos como las tortugas. Y hoy vi en un documental que las tortugas alcanzan la madurez sexual recién a los cincuenta años.

—¡Qué viva, porque viven hasta los doscientos! —saltó Laura—. Pero además ellas tienen el caparazón, pero nosotras nos ponemos blandas. Hoy decidí que voy a empezar a depilarme la entrepierna con la pinza, porque si sigo con la cera un día de éstos me voy a arrancar un pedazo de pierna.

Dicho lo cual, sacó una polvera y comenzó a fingir que se empolvaba, mientras vigilaba al señor de la otra mesa por el espejito.

—No mires para atrás —me pidió—, pero ahora el tortugo nos mira a las dos con cara de carnero degollado.

—Pero... ¿te gusta?

—¡Para nada!

—¿Y entonces para qué querés que se acerque?

—Porque a mí me gusta conversar con los varones, me gusta flirtear, pero no con un propósito definido, lo hago porque sí, para que no se me desafine el instrumento.

—Bueno, Laura, pero entonces es muy sencillo. Acercate y hablale vos.

—¡Vos estás en pedo!

—¿Por qué?... ¿Qué es lo peor que te puede pasar si le hablás?

—¡Que me escuche!...

—¡No exageres, Laura!

—No, en serio, yo no me acerco a un tipo ni loca, y tampoco los llamo por teléfono si ellos no llaman. Creo que, en ese sentido, la película "Atracción fatal" nos cagó la vida a las mujeres.

—¿Por qué lo decís?

—¡Por qué ahora no podés llamar a un tipo 70 veces por día sin que piense que sos una loca! —dijo muerta de risa—. ¿Ves?... Por eso me gustó Paolo, porque me encaró de entrada, y yo necesito un tipo que vaya al frente, que encare. Eso me seduce en un hombre, y si es simpático como él, más aún. Lástima que no vive acá.

—¡Ah!... El abogado italiano... casado. ¿Así que te encaró enseguida?

—¡¿Cómo?!... —exclamó con los ojitos brillantes—. ¡Me leyó mis derechos y me sacó la ropa!... ¡Nunca había visto una cosa igual!

—Bueno... ¿y en qué punto está ese romance?

—Divertido, estuvimos unos días en Cuba, y lo pasamos bárbaro.

—¡Ay, Cuba, qué divino!... Contame... ¿Cómo fue?

—¡Todos los días una bahía de Cochinos!... —dijo la cerda—. Siempre que estamos juntos es divino, pero después vienen las separaciones y ahí se empieza a enquilombar todo. Ahora lo tengo unos días en remojo, porque se fue de viaje a Suecia y pasó como una semana sin llamarme. Así que no le contesto los llamados, y además le inventé que me voy a pasar unos días a Puerto Rico, porque él sabe que yo allá tengo a un ex novio.

—Le mentiste... ¿Para qué?

—Para que se haga un poco la croqueta y que piense que estoy con otro, así reacciona.

—Pero Laura, si él ya te dijo que nunca va a dejar a su mujer, y hasta te confesó que tienen muy buen sexo.

—¡Sí! —contestó la guacha—. ¡Tienen muy buen sexo y después se encuentran para acabar juntos!

—Por qué insistís si ya sabés que es casado y que las cosas son de esa manera...

—Pero pueden cambiar, vas a ver que yo lo voy a cambiar.

—¡Laura! —me enojé—. Cada vez que oigo a una mujer decir que va a cambiar a un hombre, me enfermo. Hacele caso a Natalie Wood que decía: "En el único momento en el que una mujer consigue cambiar a un hombre es cuando él es un bebé".

—¿Ah, sí?... Pues contale a Natalie que el otro día me hice mandar flores con una tarjeta que decía: "Decime que sí", para que él la viera como al pasar...

—¿Te mandaste flores a vos misma?... —la interrumpí—. ¡Pero es el recurso más viejo, estúpido e inútil que conozco!... ¿Y cómo reaccionó?

—Me llenó la casilla del mail con 20 mensajes de amor y una canción desesperada.

—¡Otro hijo del rigor!

—Y eso no es todo. En el último mail me dijo que me amaba.

—¡Ah!... Te tiró con artillería pesada.

—Arde en llamas desde que no le contesto los llamados. ¡Mirá la tarjeta que me escribió! —dijo, y me leyó—: "De sólo pensar que estabas en Puerto Rico con otro, se me perforó la úlcera y tuve unos dolores tan terribles en el vientre que me tuvieron que operar de urgencia porque me sentí morir". Y yo le contesté: "¡Si yo pudiera creerte eso sería la mujer más feliz del mundo!"

—¿Pero cómo se puede vivir así, Laura?... ¿Tenemos que estar toda la vida tensando la cuerda?... ¡No hay descanso!

—Sí, es terrible, pero es así. Por lo menos con éste, que es bastante histérico. Te aseguro que a éste sí que le gusta más el hambre que la comida. Y bueno, habrá que hacerlo pasar hambre.

—No me importaría que ellos pasaran hambre si no nos lo hicieran pasar a nosotras también. Nuestras madres, en lugar de esforzarse tanto para que aprendiéramos a darles de comer, nos podrían haber adiestrado en el arte de hacerlos pasar hambre.

—¡Tenés razón!... Yo debería empezar a darle clases a mi ahijada... que ya va a cumplir 15.

—¡Cierto!... Ya está en edad como para saber lo que le espera... y... ¿Cómo está Renata?

—¡Divina!... Hoy la llamé por teléfono y le pregunté: "¿Qué contás?". Y me contestó: "Estoy reenamorada de Paco, quiero tenerlo, poseerlo, devorarlo, esclavizarlo, quiero su sangre para intoxicarme y quiero ocupar cada uno de sus pensamientos. Aparte de eso, no mucho... ¿Y vos?".

¡Pobrecita! —pensé yo, aunque no lo dije—. Tan chiquita y ya tan tomada por el virus.

—Encima —dijo Laura cargada de ironía— me contó que en la clase de educación sexual les enseñaron cómo se pone un forro en un pepino.

—¿Y?... ¡Me parece perfecto! La están preparando para una sexualidad segura.

—Yo diría que la están preparando para una gran desilusión.

—¡No seas guacha!... Pobre chica... ¡Por ahí tiene

suerte! Yo lo que sé es que no me interesa más una relación en la que tenga que tironear de ninguna cuerda.

—Avisame si encontrás alguna —se reía—. Lo que pasa es que Paolo me sedujo porque es muy inteligente y tiene mucho sentido del humor. Y no será el Mesías pero te juro que fifa como los dioses. Además vive en Roma, o sea que lo veo cada tanto. Pero no te creas que esto es una sorpresa para mí, yo le vi estas cosas de entrada. Encima tengo esa desgracia, que les hago la tomografía computada desde el primer momento. Les veo los tumores, la metástasis, les veo el genoma. Yo a éste le hice la resonancia magnética desde el primer día.

—¿Y entonces?

—Pero precisamente, como él no vive acá, la resonancia se va perdiendo con la distancia.

—¡Claro, se va diluyendo el magnetismo!

—¡Se pierde la señal! —se moría de la risa—. Pero qué sé yo, a mí me tiene entretenida, y también me divierte el jueguito.

—Sí, de eso no cabe duda, la histeria es un buen remedio para el aburrimiento.

—¡Por supuesto!... Pero además es impresionante recuperar el deseo, las ganas de estar con un hombre, el romance, la aventura pasional. Si no la vida es un embole. Para mí esto no tiene precio.

—¡Pero Laura, si vos misma admitiste que cada vez es más difícil seguir dibujándolos!

—¡Porque ya te dije que aquí no podemos hacerlo! Hay que buscarse un extranjero, porque los de acá están terribles.

—Leí en el diario que se hizo una investigación y parece que el nivel de impotencia en la Argentina es altísimo. Y que tiene mucho que ver con la frustración laboral, porque para los hombres su trabajo es prácticamente su identidad sexual.

—¿Te das cuenta?... —Laura dio un respingo—. ¡Lo único que nos faltaba!... ¡Que la identidad sexual de los argentinos dependa del ministro de economía!... ¡Qué panorama!... ¿Cómo nos ves?

—La erección masculina subiendo y bajando en sentido contrario al riesgo país es una imagen de vértigo.

—Pero ellos ahora tienen el Viagra —protestó Laura—. La ciencia misógina de siempre sigue inventando cosas para ellos, en lugar de inventar algo para erradicar la celulitis de la faz de la Tierra.

—¡Y ahora salió algo todavía mejor!... Me enteré de que un laboratorio acaba de inventar una pastilla sublingual que provoca una erección en 20 minutos, y la pueden tomar hasta los cardíacos.

—¡Callate que mi cuñado la está tomando!

—¿Y... tuvo algún problema?

—¡Con la pastilla, no! El problema lo tuvo con mi hermana.

—¿Por qué?

—En realidad, ella al principio estaba chocha, porque ya hacía años que él venía sufriendo con ese tema y eso lo deprimía mucho, pero ahora la deprimida es ella, porque él quiere tener sexo todo el tiempo y ella ya no sabe dónde esconderse.

—¿Ves que Dios le sigue dando pan a quien no tiene dientes?

—¡Bueno, tampoco es así!... —se exaltaba—. ¿Vos conocés a alguna mujer de más de 50 años que quiera tener sexo todos los días?

—¡Tengo una lista!... —la cargaba—. ¿Por qué letra del alfabeto querés que empiece?

—¡No, no te creo!... Lo que tienen que hacer es sacar un Viagra para mujeres de una buena vez.

—Tengo una buena noticia para vos —le dije— ¡ya lo sacaron!

—¡Ya era hora! —se entusiasmó— porque yo también quiero seguir en el juego. Quiero seguir en carrera, me lo merezco. Yo no me he quedado nunca, vos sabés que me sigo perfeccionando en la seducción y el flirteo, te consta.

—Por favor, Laura, vos sos la más militante de todas nosotras, si yo te veo y me canso.

—Yo he hecho una carrera de esto, tengo una trayectoria detrás de mí, toda una vida dedicada al tema. Quiero seguir poniéndolo en práctica, si no qué voy a hacer... ¿Me voy a jubilar?

—¡Dios nos libre!... ¡El infierno tan temido!

—Después de eso ¿qué queda?... ¡La cama y la bandeja! —se espantaba—. Yo prefiero seguir en la lucha.

—¿Aunque haya que poner mucha fantasía para seguir sosteniéndolo?

—Prefiero una fantasía a la nada. Siempre algo hay que poner. Pero Paolo me lo hace bastante fácil porque tiene muchas cosas atractivas: su inteligencia, su sentido del humor...

—Más un poquito de adorno que le ponés vos...

—¡Ah! Eso, por supuesto. Que nunca falte. Algún adorno, algún abalorio bajo la manga hay que tener... Sin una buena imaginación la vida de las mujeres es muy difícil.

—¡Conmigo que no cuenten! —le dije—. Yo ya no tengo más adornos. Liquidé el stock.

—Vos porque habrás regalado como loca, pero yo ahorré —contestó Laura con orgullo—. Para mí, quedarme sin adornos sería lo peor... ¿Te imaginás?... ¡Habría que cerrar el negocio!

———————

El doctor Bobbitt
y la envidia del peine

En la loca carrera del amor de las esclavas del romanticismo, enamorarse del psicoanalista es una escala prácticamente inevitable.

Y yo no fui una excepción.

Él no era precisamente un príncipe azul.

Más bien era un judío bastante amarillento, con una calva incipiente y una panza ídem.

Pero con una cabeza que hubiera merecido ser donada para la ciencia.

Preferiblemente antes de que naciera.

Lamentablemente su madre no supo tomar la decisión a tiempo y el destino quiso que yo me lo encontrara en algún punto de mi camino.

(Que no fue precisamente el punto G.)

Es importante recordar que esto fue hace un millón de años, en una de mis encarnaciones anteriores, cuando yo era sólo otro juguete de la especie con las hormonas en el cenit. Y una intoxicación de romanticismo que le quitaba todo el oxígeno a mi pobre cerebro.

En realidad, estaba pasando por una etapa bastante conflictuada de mi vida, sobre todo en mi relación con los hombres, y hacía tiempo que estaba buscando novio, quiero decir, una terapia, porque necesitaba a alguien que me organizara un poco la neurosis, para que no me interfiriera tanto con la vida.

Mi amiga Lucy me lo recomendó calurosamente.

Y yo le creí.

—¡No sabés qué divino es el Dr. Bobbitt!... —se entusiasmaba la inconsciente—. Estuve charlando con él en la casa de Cecilia y me pareció de lo más cálido, como una especie de oso grandote, se lo veía como muy inteligente y protector. Ceci me dijo que es un excelente terapeuta y además dirige una clínica psiquiátrica.

(El hecho de que Cecilia fuera su paciente y él la visitara en su casa ya hubiera sido suficiente para desconfiar de él como terapeuta para cualquiera que no fuera una enferma de romanticismo, como era yo en esa época. Sólo con el tiempo llegué a enterarme de que Cecilia terminó su relación con él haciéndole un juicio, porque después de la terapia quedó más loca que un plumero, ya que descubrió que él sólo podía dirigir una clínica hacia el abismo.)

Pero yo ya era un juguete del destino, así que lo llamé por teléfono y le pedí una sesión.

—¿Por qué me consulta?

—Mire, doctor, antes que nada quiero decirle que yo no soy como los otros locos que se sientan aquí, y cuando se levantan, pasaron veinte años, y tampoco me hace ninguna gracia pagarle a alguien para que me escuche quejarme, porque tengo un montón de gente que pagaría por escuchar las cosas que le voy a contar a usted, pero vengo a verlo porque estoy pasando por un mal momento.

—¿Desde cuándo?

—Desde que nací.

—¿Por qué?

—Para empezar, porque yo nací contra mi voluntad. A mí no sólo no me preguntaron, sino que sospecho que mis padres tampoco lo consultaron entre ellos. Pero además, yo nací y ya tenía una enemiga.

—¿Quién?

—¡Mi hermana mayor!

—¡Ajá! ¿A qué se dedica su padre?

—¡A hacer todo lo que mi mamá le dice!

—¿Y su madre?

—Ella se dedica a minar la autoestima de sus hijas.

—¿Por qué lo dice?

—Por ejemplo, ayer la llamé porque no me sentía bien y le dije que estaba pensando en ver a un psicoanalista.

—¿Y?

—¡Se puso contenta porque dice que ganan mucha plata!

—Comprendo —dijo atusándose los bigotes—. Cuénteme un poco más de su familia.

—Mi mamá es muy buena, pero siempre fue un poco sobreprotectora. No le gustaba que yo saliera... de su cuerpo. Así que me crió llena de miedos... ¡Mire si sería miedosa que mi primera palabra fue socorro! Y el miedo me fue minando la autoestima. Siempre estaba mirando la media mamadera vacía. También era muy tímida y hablaba poco. La única vez que abrí la boca, me arrancaron las amígdalas.

—¿Le parece que en su casa había hostilidad hacia usted?

—¡Qué sé yo! ¡Dicen que yo era una niña bastante rara!... Por ejemplo, mi madre me cuenta que aún siendo una bebita, empecé a vomitar a mi abuelo cada vez que me tomaba en brazos. Al principio la cosa no pasó a mayores, ya que la mayoría de los bebés vomitaban y eso no llegaba a ser interpretado como una opinión de su parte. Pero la insistencia en vomitar sólo a mi abuelo, y que esta costumbre se extendiera hasta que cumplí siete años, despertó sospechas entre la familia, que se hizo todo tipo de conjeturas. Sólo muchos años después pudimos desentrañar el misterio, no sin sorpresa de mi parte. Parece que yo había escuchado a mi abuela contar que —en su noche de bodas— el abuelo la había dejado sola y se había ido de juerga con sus amigos porque ella estaba con la regla. Le juro que el sólo recordarlo me vuelve a dar náuseas, pero no voy a hacer nada al respecto, porque queda feo vomitar a un muerto.

—¿Pero de qué me está hablando? ¿De feminismo pediátrico? —él no podía aguantar la risa—. ¿Pero usted, de niña, tuvo alguna noción del feminismo?

—¡Para nada! Creo que para esa época el feminismo no se había inventado, o por lo menos no había llegado hasta mi barrio, así que fui tratada durante toda mi infancia como una especie de alienígena, de cuya autoría mi madre y mi padre se acusaban mutua y alternadamente.

—¿Cómo se acusaban?

—Mis padres eran primos entre ellos, y mi madre piensa que yo salí así por eso. ¿Qué esperaban? Yo era la única chica en el barrio que era sobrina de su madre y prima de su hermana. Y con todo me lo banqué bastante bien. Pero lo que no pude superar nunca fue el hecho de saber que mi padre era mi tío. Eso me produjo un pánico que desembocó en una infancia y adolescencia esquizoparanoide, pero feliz.

—Me parece que usted es un poco negadora.

—¡No, no y no!..., Dr. Bobbitt.

—¿Y cómo hizo para que fuera feliz?

—¡Porque descubrí el cine!... El cine fue mi salvación; si es verdad que la patria es la infancia, en realidad mi patria fue Hollywood.

—Así que ése fue su refugio.

—Sí, porque en el cine me convertía en Julieta, en Scarlett, en Gilda, en princesas encerradas en torres, y en todas las heroínas románticas que sufrían mucho más que yo, pero sin que se les corriera el maquillaje.

—¡Siga contándome de su infancia! —me dijo francamente sonriente mientras me alcanzaba un café.

—Siempre fui una chica enfermiza, era muy delgada, no comía, mi mamá me perseguía con la comida por la playa.

—¿Y todavía la persigue?

—No, ahora soy yo la que persigue a la comida.

—¡Ajá!

—Mis padres no me dejaban jugar con los varones, y por eso tenía un amiguito imaginario al que adoraba y con el que jugaba todo el tiempo... pero un día me enojé y no le hablé nunca más.

—Y... ¿por qué se enojó?

—¡Porque él prefería a mi hermana!... Pero eso me marcó. Después, a lo largo de mi vida, fui teniendo novios imaginarios, esposos imaginarios...

—¿Y ésos también la dejaban por su hermana?

—¡No!... A ésos los dejaba yo cuando me daba cuenta de que no eran como me los había imaginado.

—O sea que eran hombres de carne y hueso.

—Para llamarlos de alguna manera. Pero además, yo nunca tuve suerte en el amor, algunas mujeres tienen facilidad para pasar de una relación a otra... ¡Pero yo no! A mí me cuesta una barbaridad encontrar a alguien peor que el anterior.

—Pero... ¿Y cómo fue que se dedicó al humor?

—Bueno, porque me di cuenta de que cuando yo me reía, los demás se reían también, pero cuando yo lloraba, los demás se reían más fuerte. Así que decidí empezar a reírme de mí yo también, para no quedar como una desubicada.

—Pero encontró algo muy importante en su vida.

—Sí, aunque sigo sufriendo.

—¿Por qué?

—Porque antes me angustiaba que se rieran de mí, y ahora me angustio si no se ríen.

—¿Es la primera vez que viene a una terapia? —preguntó.

—No, ya cambié como cinco analistas.

—¿Ah, sí?... ¿Y por qué no me cuenta alguna de esas experiencias?

—¡No vale la pena, porque ninguna me dio resultado!

—¿Por qué?

—Porque ya la primera experiencia fue traumática para mí. Mi analista pensó que yo tenía que estar en una terapia de grupo, junto con otras diez personas. Se ve que no se animaba a quedarse sola conmigo. Pero ellos eran todos psicólogos. ¡Yo era la única loca! ¡Me sentía como una donante de sangre en una convención de vampiros!

—¿Ellos le decían que estaba loca?

—¡No!... Pero se sentaban todos de un lado y yo del otro. Yo estaba enamorada de un chico del grupo, pero no me animaba a decírselo a nadie. Un día hicimos un ejercicio que consistía en darnos las manos en una ronda y quedarnos así por unos minutos con los ojos cerrados, sintiendo la mano del otro. A mí me tocó darle la mano derecha a él y la izquierda a otra chica. Cuando se terminaba el ejercicio, cada uno tenía que decir lo que había sentido que le transmitía esa mano. Entonces la chica que estaba a mi izquierda dijo que la mía era una mano cálida, llena de dulzura y contención, etc., etc. Y el chico que a mí me gustaba dijo que mi mano era como una mano de pescado.

—¿Cómo fue eso?

—Porque yo, cuando me enamoro, me convierto en una ameba, doctor... ¿entiende?... Se me dispara un dispositivo interno y empiezo a tejer mentalmente una especie de tela de araña emocional, con películas de besos y paseos por la playa, repetición de diálogos hasta el infinito, memoria del otro, de su imagen, hasta que la tela ocupa prácticamente todo el espacio de la conciencia y ya no soy capaz de pensar en nada más. Quedo envuelta en una burbuja que me arranca de mí misma. Y a mí me encanta estar así. Pero después ellos siempre me pinchan el globo.

—Bueno, pero de eso no les puede echar la culpa a los hombres, ahí fue su imaginación la que le estaba jugando una mala pasada.

—¿Está loco?... —salté—. ¡Sin la ayuda de ella no me hubiera enamorado nunca! A ella le debo toda mi felicidad.

—Cuénteme entonces alguna otra experiencia terapéutica.

—Mi segunda experiencia fue con un analista que me decía que somos nosotros los autores del libreto de nuestra propia vida.

—Es coherente... ¿Y eso no le gustó?

—¡No!... Para mí fue devastador, porque me di cuenta de que si era yo la que había escrito el libreto de mi propia vida, me había dado a mí el peor papel.

—¿Por qué?

—¡Porque yo quería el papel de Dios, y ése ya se lo había dado a otro! Después de eso, hice algunos intentos con terapias alternativas, porque ellas trabajan mucho con la imaginación, pero tampoco me dieron resultado.

—¿A ver?...

—Por ejemplo, una vez hice un curso de ensueño dirigido, con un psicólogo americano. ¡Pero me resultaba muy difícil!... Él nos decía que para lograr nuestros objetivos, teníamos que aprender a dibujarlos primero en nuestra mente. Y entonces nos hacía hacer visualizaciones de cómo nos queríamos ver a nosotras mismas, en qué circunstancias, con quién, dónde, etc.

—¡Sí!... ¿Y?

—Bueno, recuerdo que una vez, haciendo un esfuerzo sobrehumano, logré visualizarme muy delgada y vestida de blanco, caminando por una playa en una puesta de sol, con el hombre más divino que me podía imaginar, sumidos en un romance maravilloso, y en el momento en que nos íbamos a besar, cuando visualicé toda la imagen más de cerca, me di cuenta de que ella no era yo, era Julia Roberts.

—¿Quiere decir que a veces su imaginación le falla?

—¡Lo que me falla es la autoestima!... ¡Porque yo a él lo visualicé perfectamente! La que no me salía era yo. Tampoco me salían las afirmaciones.

—¿Qué son las afirmaciones?

—Son unas frases que hay que escribir 700 veces por día en un cuaderno, como por ejemplo: "Yo soy una persona buena y linda y me merezco lo mejor" y si hace falta tragarse el cuaderno, hasta que te lo creas. Pero a mí no me salían, siempre las tenía que pedir prestadas.

—¿Y qué fue de sus otros analistas?

—Dos se suicidaron, uno se hizo bonzo y los otros dos pusieron una carnicería a medias.

La sorpresa le duró una milésima de segundo y lanzó la carcajada más deslumbrante que yo había escuchado en un hombre.

Sobre todo en un hombre que se reía de mis chistes.

—Me encantan las mujeres con sentido del humor —me dijo a quemarropa, coqueteándome descaradamente.

—Doctor... ¿Entonces usted cree que una mujer puede conseguir una risa y un hombre al mismo tiempo?

—¿Por qué lo pregunta?

—Porque siento que cuando los hombres dicen que les gusta una mujer con sentido del humor, en realidad quieren decir que les gusta una mujer que se ríe de sus chistes.

—Bueno, es que el sentido del humor es síntoma de inteligencia, y las mujeres inteligentes a veces inhiben un poco.

—¿Un poco?... —salté—. Yo me pregunto siempre... ¿Para qué sirve una mujer inteligente?... Los hombres no quieren a una igual, quieren una mujer que los caliente, que puedan mostrar a sus amigos y que los acompañe. Punto.

—¿Así que ésa es su visión de lo que quieren los hombres?... ¿Y qué se supone que quieren las mujeres inteligentes?

—¡Pregúnteselo a ellas! ¿Por qué me lo pregunta a mí?

—Se lo pregunto a usted porque es obvio que es una mujer inteligente.

—Pero si soy tan inteligente... ¿por qué me enamoro como una idiota?... ¿Será que las emociones me oscurecen la inteligencia? Porque yo, cuando me enamoro, me pongo estúpida, más que eso, pensándolo bien, ni siquiera tengo que enamorarme, en realidad, sólo con que alguien me guste es suficiente para que me transforme en una imbécil. El hecho de que haya un hombre en la misma habitación alcanza para que no pueda ser yo misma. Sólo puedo ser yo misma con la gente que no me interesa... Es más... ¿sabe cómo me doy cuenta de que alguien me gusta?... ¡Cuando empiezo a mentir!

—¡Pero eso no tiene sentido!... Tendría que ser completamente al revés. ¿Acaso no cree que se merece que la quieran por lo que es?

—Yo me merezco que me quieran por lo que aparento ser.

—¿Y si alguien la quisiera por lo que es?

—¡Pensaría que el idiota es él!

—¡Pero usted no se deja salida!... Me hace acordar a Groucho Marx, que decía que nunca se haría socio de un club que lo aceptara a él como socio.

—¡Lo comprendo perfectamente! Y sinceramente creo que yo lo he superado. Le digo más, yo aprendí de mi madre a escuchar un cumplido y procesarlo en mi cabeza hasta que se convierta en un insulto.

—Mmmm —masculló— me parece que ya veo por dónde transita su neurosis. Porque no tengo duda de que los hombres la ven como una aplanadora y en cambio usted se siente como un gusano. Pero... ¿quiere que le diga una cosa? Usted es como la ven los demás.

—Sin embargo, me encantaría ser un gusano, que nace, se reproduce y muere. Y jamás en la vida se va a preocupar por algo como: ¿Me llamará mañana? Pero...

¿Ve?... Los hombres no tienen estos problemas... ellos llaman cuando quieren.

—Por lo que veo, usted tiene una visión bastante estereotipada de los hombres. No me diga que es una de esas feministas antihombres.

—¡Por favor!... No me subestime, yo no soy antihombre, en todo caso soy antiboludo. Y como yo misma he sido una boluda toda la vida, me doy cuenta de que es un concepto completamente independiente del género. Pero usted... ¿no será uno de esos machistas leninistas, verdad?

—Para nada, pero debo decirle que tengo mis reparos con las feministas que quieren ser como los hombres.

—¡Yo no quiero ser como los hombres! —me indigné—. ¡Sería pretender muy poco!

—¿Pero entonces, en qué quedamos?... ¿Los hombres le gustan o no le gustan?

—¡Las dos cosas!

—¡Ajá!

—En realidad, doctor... —me quejaba mimosa—, no soporto a los machistas que me quieren manejar y se meten en todo, y enamorarme me angustia porque me deja con el mismo coeficiente intelectual del detergente, pero yo... si no me enamoro, me aburro.

—¿Se aburre o se deprime? —me interpretaba el molesto.

—Me aburro mortalmente, sólo enamorarme me entretiene, me adelgaza, me vuela el cerebro.

—¿Y qué tiene en contra de su cerebro?

—¡Que no me deja enamorarme de nadie!... ¡Eso tengo!...

—¿Y por qué piensa que para enamorarse de alguien tiene que perder la cabeza?

—Doctor... —me impacientaba—. A ver si me explico, yo... ¡Si no pierdo la cabeza, no recupero el cuerpo!... ¿entiende?

—¡No!

—Bueno, arréglese, para eso le pago.

—Está bien —contestó—, pero quiero que sepa que yo

me voy a meter en su vida, en su mente, en su bolsillo, en su vagina...

La palabra vagina en ese contexto me pegó como un cachetazo.

—¡Pare, pare!... —dije presa del vértigo—. ¿No podremos empezar con algo más convencional?... ¡Mire que todavía no le hablé mal de mi hermana!

Él se reía y su carcajada era música para mis oídos.

—Eso también lo vamos a hacer —dijo con una sonrisa encantadora de serpientes—. Pero... ¿sabe qué pienso?... Que en realidad usted les ladra a los hombres para disimular el miedo que ellos le dan a usted.

Ésa fue la frase que me quemó la croqueta.

—Pero este hombre... ¿cómo sabe?... —le contaba a mi amiga Viviana, la psicóloga—. Recién me conoce... ¿y ya sabe todo de mí? Es un iluminado, es un sabio...

—¡Es un psicópata! —juraba Viviana—. Haceme caso, yo conozco las coles de mi huerta.

Pero yo ya no estaba en este mundo.

Aunque todo el tiempo que duró ¿la terapia? nos tratábamos de usted, ya desde las primeras sesiones había una carga de electricidad entre su mente y la mía que freía las moscas en el aire y que nos fue muy útil durante ese húmedo verano.

Pero a los ratones que volaban por ese cuarto, no había con qué bajarlos.

Sin embargo, tuvimos enfrentamientos ideológicos desde el principio, y no esperó mucho para endilgarme la famosa "envidia del pene".

—¡Yo no tengo envidia de ningún pene! —me ponía loca.

—Sin embargo, usted le da mucho más valor a su trabajo que a su vagina.

¡Otra vez la vagina!... —pensaba yo—. ¿Pero quién era este hombre?... ¿Estaría por escribir los "Monólogos de la vagina"?... ¿Tantos años antes de su estreno?

—¡Y usted tiene más obsesión con la envidia del pene que el mismo Freud!

—Lo que pasa es que usted no puede admitir que se

quedó fijada en su padre, y eso le creó una envidia del pene.

—¡En todo caso, tendría envidia del peine, porque mi padre era pelado, como usted!

Él se derretía ante mis ojos y disfrutaba de mis chistes desembozadamente porque sabía que con su risa no hacía más que reforzar mi fantasía de ser la "paciente preferida".

No obstante, más de una vez, cuando yo me mostraba defensiva frente a sus interpretaciones tan poco ortodoxas, hacía un gesto como que se cortaba el pene y lo extendía hacia mí diciendo:

"¡Tome!... ¡Cuélguela con las otras!"

A mí todo eso me impresionaba profundamente, y me confundía muchísimo, pero cada vez que le hacía reclamos por su estilo tan aguijoneador, me decía que lo que yo necesitaba era una terapia de shock, porque estaba muy acorazada, y que todo lo que él hacía era para atravesar esa barrera.

Y lograba hacerme la croqueta de tal modo, que yo me iba convencida de que él era un genio, un iluminado, alguien que leía en mí como en un libro abierto.

Hasta que llegó el Braille.

Un buen día, de buenas a primeras, comenzó a hablarme de una "terapia del tocar" y de las "manos que escuchan".

Ese mismo día, tratando de explicarme algo, me daba palmadas en la rodilla mientras me decía: "Porque usted tiene que tener en cuenta tal cosa (palmada), y usted no debería olvidarse de esto otro, (palmada), porque usted lo de más allá (palmada)", hasta que se detuvo por un instante y me dijo:

"Voy a dejar de palmearla, porque en cualquier momento le voy a poner un dedo en la vagina".

Yo quedé estupefacta porque nunca había oído tantas veces la palabra vagina en tan poco tiempo, ni siquiera de boca de mi ginecólogo.

Reconozco que a mí todas esas cosas me impresionaban muchísimo y no me parecían normales, pero cada vez que se las cuestionaba, él me corría con el mismo argumento de la necesidad de romper mis barreras y de licuar mis resistencias a la terapia para que yo pudiera abrirme y bla, bla, bla.

Y yo por dentro pensaba... ¿Más?... Si me licúo un poco más le voy a empapar el consultorio, y si me abro un milímetro más me voy a desgarrar.

Para peor, con tanta humedad en el ambiente, la terapia de shock ya estaba a punto de electrocutarme.

Él se había convertido en una nueva obsesión en mi vida, hasta que llegó un momento en que yo pasaba más tiempo interpretándolo a él que él a mí.

—¿Qué me habrá querido decir con eso? —le preguntaba a Viviana—. ¿Es normal que tu terapeuta te hable tanto de tu vagina?

—¿En qué idioma te lo tengo que decir para que lo entiendas? —me gritaba Viviana—. ¡Es un psicópata! Los psicópatas saben pulsar las cuerdas de la persona a su antojo. Él sólo tiene que encontrar la debilidad y tirar de esa cuerda. Lo demás viene solo.

Pero yo no le creía.

—¿Qué me habrá querido decir con eso? —le preguntaba a todos los que pasaban.

Pero nadie me contestaba.

—Señora... ¿A usted la toca su terapeuta? —le preguntaba a la mujer que estaba delante de mí en la cola del súper.

Pero la gente me huía.

Soñaba con él despierta y dormida. Y él se encargaba de fomentármelo.

Si yo le contaba que había soñado que estaba haciendo un puré de piedras, él me interpretaba que yo lo quería hacer puré, porque la piedra era él. Si yo le contaba que había soñado con un perro que me lavaba las ventanas, él me decía que yo quería amaestrarlo como a un perro porque el perro era él... ¡Todo era él!

Y él literalmente se babeaba cada vez que yo le contaba mis sueños, pero si yo le quería secar la baba, él enseguida me lo daba vuelta y me decía que lo mío era pura proyección... bla, bla, bla.

O sea, mucha electricidad, pero poco fuego.

Más o menos en esos términos pasó casi un año, en el cual, de tanta electricidad, yo ya tenía la croqueta quemada.

En realidad, él era el hombre más perverso, complicado, neurótico, arrogante, intransigente, insano y psicópata que yo había visto en mi vida.

Y tenía una doble personalidad, pero no —por ejemplo— como el Dr. Jekyll y Mr. Hyde, que por lo menos uno era bueno.

Sino como Norman Bates y su madre.

¿Qué podía hacer una romántica incurable con un hombre así?

¡Enamorarse!

El hecho de que fuera mi terapeuta no hacía más que agregarle adrenalina al asunto.

En algún momento de la terapia se me planteó la posibilidad de viajar a París, y yo —cada vez que viajo— necesito empezar a angustiarme con mi miedo al avión, por lo menos un par de meses antes.

Él enseguida relacionó mi miedo al avión con mi miedo a las erecciones, porque —según él— ambos se elevan tan misteriosamente.

—¿Y qué me dice de cómo se caen? —pregunté ya presa del pánico.

Como a lo largo de las semanas, mi miedo al avión no decrecía sino más bien todo lo contrario, y la terapia con él no lograba sacarme el miedo sino más bien todo lo contrario, alguien me recomendó que recurriera a las flores de Bach, pero para eso tendría que ir a ver a otro psicólogo, que me prepararía una fórmula.

—Me parece que voy a buscar una terapia de apoyo, porque usted me tiene muy en el aire, Dr. Bobbitt.

—¿Por qué me dice eso?... Si en todo este tiempo hablamos mucho, y salieron cosas.

—Sí, pero no pudimos agarrar ni una, Dr. Bobbitt.

—Lo que pasa es que usted es una negadora.

—¡No! ¡No! y ¡No!..., Dr. Bobbitt.

Pero cuando me animé y le dije con todas las letras que iba a consultar a otro psicólogo por las flores de Bach, su rostro se transfiguró, y juro que le vi salir un hilito de espuma por la comisura de la boca.

Y entonces mencionó las palabras proféticas:

"Yo le voy a sacar su miedo al avión".

¿Pero qué método creen que utilizó el psicópata para sacarme el miedo al avión?

¡Me dijo que él viajaría conmigo!

Yo toqué el cielo con las manos, las estrellas y la luna, mientras él me contaba que tenía que viajar también para esa fecha porque un paciente de su clínica se iba a operar en París y él tenía que acompañarlo.

Si algo le faltaba a mi intoxicación de romanticismo, era agregarle el hecho de que él fuera a París a acompañar a un paciente... Pero... ¿quién era este hombre?... ¿un santo? ¿un protector de la humanidad? ¿un iluminado?... un... ¡psicópata!

—¿Y viajarían conmigo? —yo me relamía.

—No, nosotros iríamos unos días más tarde —me dijo—, pero usted podría ir sacando entradas para los Rolling Stones que van a estar actuando allí, y a la salida del espectáculo pasearíamos por los puentes del Sena tomados de la mano, y...

—¿Tomados de la mano? —me agarró una lipotimia.

—¡Sí!... ¿No le gustaría? —contestó el impune.

A esa altura yo estaba a los pellizcones para saber si estaba soñando, aunque ahora que lo pienso, en lugar de pellizcarme a mí, tendría que haberlo pellizcado a él.

Pero en las pelotas.

Porque yo tenía derecho a estar loca, por algo era la paciente.

Pero él era el terapeuta... ¡y estaba más loco que yo!

La cuestión es que me tuvo entretenida durante todo el mes siguiente, y yo cambié mi fobia al avión por mi psicosis romántica que me ocupó todo el espacio mental hasta que me tomé el avión a París.

En el avión temblé todo el viaje, aunque por las razones equivocadas.

Pero ni bien pisé París me di cuenta de todo.

Como si el aire de esa ciudad me despejara el virus de un plumazo, me encontré cara a cara con la verdad desnuda.

Y ése era el único desnudo que me esperaba.

Él no iba a venir. Él nunca pensó en venir, él no tenía ningún paciente que se operaba. En realidad, al que habría que haber operado era a él.

Habría que haberle trepanado el cerebro y donarlo para hacer abono.

Llegué a París con tal mala onda, que me golpeé la cabeza en el taxi que me llevaba al hotel y me hice un tajo en la ceja. Me llevaron inmediatamente a una guardia y me operaron en francés, como a la tortuga Manuelita.

Pero lo peor de todo fue sufrir en francés.

—¡Je vous en pris! —gritaba mientras me cosían sin anestesia—. ¡Stop! (se me mezclaban los idiomas). ¡Me cache en Dieu! ¡Cochon!

Luego de un par de horas que parecieron una eternidad, me dieron un antibiótico y me mandaron para mi casa.

Llegué al hotel con un humor de perros y 7 puntos en la ceja izquierda. Parecía que venía de pelear quince rounds con Mike Tyson y perder.

Como pude, con un ojo tapado, me puse a abrir las valijas, y de golpe me encontré una araña gigantesca debajo de la cama. Pegué un grito tan fuerte que me reventé una cuerda vocal.

Sin pensar la aplasté con el zapato, y en un desbande inimaginable salieron de debajo de ella millones de arañitas bebé disparadas en todas las direcciones.

—¡Maté a una madre! —gritaba yo, en medio de un ataque de taquicardia—. ¡Dios me va a castigar!

Tuve que darles una bruta propina a las empleadas del hotel para que no llamaran a la policía.

Como si todo esto hubiera sido poco, el antibiótico que me dieron me provocó una alergia deformante, que empezó con una pequeña hinchazón en el labio, continuó con ronchas oscuras por todo el cuerpo y a lo largo de las horas desembocó en una serie de mutaciones más horrorosas que las de Jeff Goldblum en "La mosca".

Las puteadas a mi analista cruzaban el Atlántico.

¡Ojalá que lo pise un tanque y lo entierren en un sobre! ¡Ojalá que lo pique una yarará en las pelotas! ¡Ojalá que se muera y reencarne en un escarabajo de estiércol!

Y cuando se me terminaban las maldiciones en castellano, empezaba con las sefardíes:

¡Masalbasho!... ¡Que te caiga el culo embasho! ¡Que el guerco te lleve y no te traiga!... ¡Hijo de un tal, hijo de un cual! ¡El Dió que te mate y te meta aparte!

Mi único consuelo fue que no saqué las entradas para los Rolling Stones.

Ni bien llegué a Buenos Aires, lo llamé y empecé a desgranarle toda clase de epítetos:

—¿Pero usted quién es?... ¿Hannibal?... ¡Usted no puede estar suelto, porque es un peligro para la sociedad! Usted no puede dirigir ninguna clínica, usted tiene que estar internado en una clínica, tiene que estar preso y con bozal, pero no en cualquier lado, ¡en un calabozo de máxima seguridad!

Él prácticamente se puso a llorar, y con mucha dificultad comenzó a decirme que este tema de su relación tan confusa conmigo lo tenía muy conflictuado, y por eso hacía tiempo que lo venía hablando con su control...

—¿Encima había alguien controlándolo? —lo interrumpí a los gritos—. ¡Cómo sería si se hubiera descontrolado!... ¡Me habría clavado un cuchillo por la espalda!

Entonces me juró que él nunca había querido hacerme daño, pero que la cosa se le fue de las manos, y después de muchas idas y vueltas, al final terminó confesándome que si él fuera una mujer, le gustaría ser como yo.

Y entonces lo comprendí todo.

¿Ese hombre al que yo admiraba tanto, que a su lado me había sentido como un gusano, en realidad quería ser como yo? ¿Ese hombre por cuyas interpretaciones sobre lo femenino yo había vivido obsesionada, en realidad quería ser una mujer?... Y no sólo eso... Una mujer... ¿como yo?

Me agarró un ataque de risa tan grande pensando en lo ridícula que puede ser la vida, que se me pasó todo el mal humor.

No veía la hora de contárselo a Viviana, así que la llamé por teléfono.

—No me gusta decir que te lo dije, pero te lo dije —dijo

la asquerosa—. Si hay algo peor que un psicópata, es un psicópata envidioso.

—Pero... ¿te das cuenta? —yo estaba exaltadísima—. Ahora todo cierra perfectamente. ¡Con razón hacía el acting de cortarse el pene!

—¡Claro! ¡Nada le hubiera gustado más!...

—¡Por eso me acusaba de tener envidia del pene!

—¡Porque él tenía envidia de la vagina!

—¡Por eso se llenaba la boca con la vagina! (Es una metáfora.)

—¡Porque quería tener una!

—¿Podés creer que, al final, terminé consolándolo yo a él?

—Muñeca —me dijo, con compasión inusitada en ella—, vos sí que estuviste buscando un martillo en una lencería.

Hollywood
que me hiciste mal,
y
sin embargo
te creo

¿CHOLULAS DE LOS PSICÓPATAS?

En Hollywood las mujeres tienen tres edades:
Chica bonita, fiscal del distrito y
"Conduciendo a Miss Daisy".

GOLDIE HAWN

No sé si las mujeres alcanzamos a comprender cuán profundamente nos influenció el cine (en mi caso el de Hollywood) y cuán pasivamente abrazamos la interpretación que los hombres de la industria hicieron de la vida.

No hay que menospreciar la influencia que tuvo y que aún tiene el cine en nuestras vidas.

Creo que es la influencia más grande que hemos recibido.

Por lo menos para las mujeres de mi generación, las etiquetas de lo femenino y lo masculino se convirtieron en el único vehículo para nuestro pensamiento y reacciones.

Recuerdo cómo me gustaban de niña las películas de Doris Day, que era una especie de "virgen profesional" y que logró hacer rendir su virginidad en una larga carrera como tal, aunque algunos chismosos de Hollywood aseguran conocerla desde mucho antes de que fuera virgen.

En aquella época el sexo femenino no era una cuestión de gusto individual, ni siquiera de apetitos, sino una cualidad definitoria del ser.

Para una mujer, el sexo era el ser, o sea que sucumbir a él era equivalente a perder el ser. Por lo tanto, sólo la abstinencia nos podía salvar de semejante destino.

Nunca me voy a olvidar de una película con Debbie Reynolds (otra virgen profesional) que se titulaba "Todo comenzó con un beso" (y se quedó ahí), en la que ella no quería tener sexo con Glenn Ford... ¡ni siquiera después de casada!

¡Y ésas eran las comedias!

¡Pero además estaban los dramas románticos!

En los que los autores dibujaron a aquellas eternas y maravillosas mujeres, siempre dispuestas a sufrir y morir por amor.

Y Hollywood las inmortalizó.

Como Margarita Gautier, la prostituta de corazón de oro, que renuncia a su amor por Armand para devolvérselo... ¡al padre!... porque sus razones le parecen mucho más altas y dignas que su amor y su deseo. Después de eso... ¿qué le quedaba?... ¡Morirse! y ella lo hace, por supuesto, porque es prostituta y, por lo tanto, obediente.

(Sobre todo al autor.)

Pero lo más impresionante no es la historia en sí misma, sino lo maravillosamente estructurado que está todo, como para que su sacrificio y su muerte nos parezcan heroicos y, por lo tanto, admirables.

¿O no sufrimos y nos identificamos todas con Ingrid Bergman en "Casablanca", cuando renuncia al amor por el deber?

¿Y con Adele H, la hija de Víctor Hugo, que se vuelve loca por amor no correspondido?

¿O con Julieta, la adolescente apasionada, que se suicida demasiado rápido sin siquiera esperar a que el muerto se enfríe? ¿O se caliente?

¿O con "Madame Butterfly", en la que ella termina haciéndose el harakiri con los pinchos de su peineta, porque a las japonesas también las abandonan?

¿Y con la pobre Natalie Wood en "Esplendor en la hierba", que termina loca de embolia láctea por no poder bajarse a Warren Beatty durante toda la película? (En realidad creo que lo que más loca la volvió fue pensar que era la única que no pudo bajarse a Warren Beatty.)

Para el cine, aparentemente, todas las heroínas románticas que —a través de su pasión o su deseo— amenazaran de una manera u otra el orden patriarcal, tenían que morirse. O volverse locas. O ambas cosas a la vez.

Pero el mensaje debía quedar claro. Si perseguían su propio deseo, se arriesgaban a su aniquilación.

Aunque algunas pobres tontas que obedecían el mandato, renunciando a su amor, terminaban somatizando tanto la bronca acumulada, que se morían también.

Y así fue como el cine construyó minuciosamente una perfecta espectadora masoquista.

Ni hablar de cuán tendenciosamente manipularon la imagen de las mujeres y la edad.

Una historia clásica del cine es "Sunset Boulevard", con Gloria Swanson, en la que ella interpreta a una mujer mayor, ex estrella del cine mudo, en plena decadencia, que se enamora de un hombre mucho más joven, interpretado por William Holden.

La pobre envejece sin la menor gracia y trata de levantarse a un hombre más joven... ¡Pero los hombres también lo hacen!

En cambio, a los actores de su misma edad, como Gary Cooper, los ponían en pareja con Audrey Hepburn... ¡que podía ser la nieta!

Pero a ellos se los mostraba espectaculares, seductores y cancheros; en cambio, a ella, como un mamarracho, patética y dando vergüenza ajena.

Pero si interpretaba a una mujer de 50 años... ¡y parecía mi abuela!

Para el cine, las mujeres grandes y sin sexo debían lucir pinchadas y sin sangre, como pasas de uva secas, supuestamente de una manera correlativa a su vagina sin lubricar.

En cambio, los hombres de 50 para arriba siguen siendo galanes siempre, y como tales, aún hoy, se los pone en pareja con actrices mucho menores que ellos, por ejemplo: Sean Connery con Michelle Pfeiffer, Harrison Ford con Anne Heche, Richard Gere con Julia Roberts, Jack Nicholson con Helen Hunt, etc., etc.

Pero el récord lo debe tener la pobre Sally Field, que en una década hizo pareja con Tom Hanks, y en la siguiente... ¡hizo de su madre!

Y hablando de Richard Gere con Julia Roberts...

¿Qué me dicen de "Mujer bonita"?

¿Qué tal los nuevos personajes femeninos que se les ocurrieron a los genios de Hollywood?

Dicen que es una Cenicienta moderna.

¿Se imaginan contando a sus hijitos esta nueva versión de Cenicienta? "Había una vez una prostituta de corazón de oro..."

El cine de Hollywood de las últimas décadas, que sigue siendo escrito por hombres, nos trae una nueva tanda de estereotipos femeninos, tendientes a no modificar ni un ápice a la espectadora masoquista que supieron conseguir.

El sexo ahora está permitido, claro, pero hay que seguir sufriendo.

Por ejemplo, en "Leaving Las Vegas", la protagonista, Elisabeth Shue, otra prostituta de corazón de oro... (¡y van...!), se enamora de un alcohólico moribundo... que no la puede ni tocar pero le vomita en la cama... ¡Y ella tiene miedo de que él la deje!

O como en una horrorosa película llamada "El doctor y las mujeres", en la que una esposa de corazón de oro, interpretada por Farrah Fawcett, casada con Richard Gere —que interpretaba a un ginecólogo—, termina más loca que un paraguas e internada en un loquero, porque él la hacía... ¡demasiado feliz!

O como una que vi en el cable, con Julia Ormond y Tim Roth, en la que ella interpreta a una dentista de corazón de oro, que atiende a los presos en la cárcel y se enamora de un asesino psicópata, por el que termina matando ella también, porque él era irresistiblemente "sexy".

O la de una abogada de corazón de oro, interpretada por Glenn Close, que se enamora de Jeff Bridges, el sospechoso de asesinato al que defiende, y lo defiende hasta de su propio criterio, porque él casi la mata, ya que era culpable... ¡pero tan "sexy"!

O la de una psiquiatra de corazón de oro —interpretada por Lena Olin— que se enamora de su paciente, un obrero de la construcción que está del tomate, pero que lo interpreta Richard Gere, y por lo tanto es ¡tan sexy!

O la de una mesera de corazón de oro —interpretada

por Helen Hunt— que se enamora de un vejete maníaco-depresivo y obsesivo compulsivo, al que no lo soportaría ni la madre, pero que lo interpreta Jack Nicholson, que está gordo, viejo y pelado, pero es tan sexy.

O sea, Hollywood ahora nos permite gozar del sexo, ¡pero a qué precio!... Sólo si quedamos esclavas de nuestro deseo, ciegas de amor, completamente dominadas por el falo.

Y no es en absoluto inocente de nuestra atracción por los psicópatas.

Porque ellos son malos pero encantadores.

Son perversos, enfermos, asesinos, pero sexies.

Su maldad es el resultado de una sociedad indiferente y perversa, pero su encanto es sólo suyo.

En cambio las pobres Thelma y Louise, que salieron a tener un inocente y divertido fin de semana entre chicas, tuvieron que terminar tirándose al vacío, porque los autores quisieron dejarnos muy claro que la diversión de las mujeres se paga, y que el viaje nos puede salir más caro de lo que calculábamos.

Pero la más impresionante de todas las heroínas románticas de todos los tiempos es —a mi modo de ver— la protagonista del film "Contra viento y marea", una película del grupo Dogma —nada más lejos de Hollywood, y sin embargo...— dirigida por Lars von Trier.

Ella, interpretada magistralmente por Emily Watson, es una chica medio tonta, digamos que le faltan algunos jugadores, pero muy buena y sobre todo muy enamorada de su marido.

Repentinamente, él sufre un accidente que lo deja paralítico del cuello para abajo.

Pero ella —que no puede aceptar la situación— se convence a sí misma de que, a través de su sacrificio personal, su marido se recuperará.

Entonces, él —que era paralítico pero bien perverso— le pide que tenga relaciones con otros hombres y después venga a contarle. Y ella, por supuesto, se prostituye por él (¡y van...!).

A todo esto, hay un personaje de un médico que la

quiere bien y desea salvarla de ese destino, pero a ella no le gusta, porque no tiene el brillo del psicópata que a su marido le sobra y, por lo tanto, no es sexy.

Entonces la pobrecita se va metiendo cada vez más en relaciones con todo tipo de brutos personajes, los que al final... ¿Adivinen qué?

¡Sí!... ¡La matan!

Pero no termina ahí.

Como era de esperar, una vez que ella muere, su marido se recupera totalmente, pero la iglesia la desprecia por prostituta y no permite que le den cristiana sepultura, así que tienen que tirar el cajón con su cuerpo al mar.

Pero su inmolación y su muerte no sólo logran el milagro de que su marido se recupere, sino que además el cielo la recibe... ¡con campanadas!

O sea, ella es más que una heroína cualquiera, es una santa, su autor decidió que por su amor psicótico, con inmolación incluida, merecía ser elevada a la categoría de Mesías.

Porque si sos capaz de dar tu vida por amor a otro —nos dice—, Dios te aplaudirá.

Al pobre Dios lo envuelven en cada balurdo.

En síntesis, el cine cambia, los tiempos cambian, pero los estereotipos siguen.

Y se insiste en seguir presentando a la mujer como lo que representa para los hombres y no como realmente es.

El cine de ayer, tanto como el de hoy, nos muestra, en definitiva, que la mujer debe renunciar a todo por amor, o debe renunciar al amor por el deber, o debe renunciar al raciocinio por amor, o debe renunciar a la vida por amor, o debe renunciar. Punto.

¡Dios!... ¡Todo lo que ha tenido que hacer la industria para entusiasmar a las mujeres con el matrimonio!

Hermana:

Si sos de las que comprenden

lo incomprensible

y confían en lo inconfiable.

En otras palabras:

Si demasiado romanticismo

te está haciendo mal a la salud, recordá:

Si fue amor a primera vista... pedí una

segunda opinión.

Si parece demasiado bueno para ser cierto...

Probablemente lo sea.

Por eso:

Cuando veas venir a un príncipe azul

que viene a rescatarte en un caballo blanco...

Si es en una película... disfrutá.

Si es en la vida... llamá a emergencias.

Dos cuentos
para Manuela

La princesa y el sapo encantado

Había una vez una princesa bella, muy inteligente, pero bastante insegura y demasiado enamoradiza, caminando con su nodriza por las orillas de un lago.

—¡Ay, nana! —se quejaba la princesa—. ¿Cuándo será el momento en el que encuentre a mi príncipe? Sueño con él, con mi príncipe azul, con su castillo dorado...

—Con su caballo verde...

—Ya no sé qué hacer para encontrarlo, he dormido como una marsopa, he perdido cantidad de zapatitos... ¡Lo único que me falta es besar a un sapo!

—A propósito, milady, ¿adivine quién anda por ahí?

La princesa mira a su costado y cuál no sería su sorpresa cuando ve a un sapo en el borde de la laguna.

Se acerca ansiosa y se arrodilla para mirarlo mejor.

—¡Oh, nana! ¡Mira, es un sapo encantado!

—¿Cómo sabe que está encantado?

—¡Se puede ver a primera vista que está chocho!

—Bueno, milady, dígale algo a ver si le contesta.

—¡Ay, qué nervios!... ¿Y qué le puedo decir?

—¡Que usted también está encantada!

—¡Ay!... No me animo a hablarle... ¿Qué hago, nana...? ¿Lo besaré directamente o te parece que me cambie el vestido?... ¿Me suelto el pelo o me acomodo el moño?... ¿Le gustaré?... ¿Será apasionado o se parecerá al príncipe Carlos?

—Disculpe, milady... —la interrumpe la nana—, ¿pero usted se está haciendo los ratones con un sapo?

—Querida nana, este inmundo batracio sólo puede albergar a un príncipe de primera.

Pero cuál no sería su sorpresa cuando oyen que el sapo les dice:

—No os asustéis de mí, os lo ruego. Yo alguna vez fui un hermoso príncipe, pero el hechizo de un brujo maléfico me convirtió en sapo, por medio de un sortilegio que sólo puede ser roto por el beso de amor de una casta doncella soñadora.

—¿Con ser soñadora no alcanzará? —dice la princesa, ya decidida a besarlo.

Pero la nana la interrumpe y se dirige al sapo:

—¿Cómo sabemos que no está mintiendo?

—¡Soy incapaz de mentir! —contesta el sapo—. El hechizo del brujo fue precisamente por haber sido mentiroso, y por eso me convirtió en sapo, pero me dejó incapacitado para mentir... ¡Creedme!

—Muy bien —dice la nana—, pero antes de tomar tamaña decisión, queremos saber cuáles son sus intenciones.

—Mis intenciones son las mejores —asegura el sapo—, ya que sólo el beso de ella puede volverme a mi condición de príncipe, y entonces le propondría matrimonio, iríamos a vivir en el castillo con mis padres, ella renunciaría a su nombre para adquirir el mío, a su religión para adquirir la mía, me acompañaría a todos los actos oficiales y cumpliría rígidamente el protocolo real, atendiendo el castillo, criando a mis hijos y renunciando a ellos en el caso de un divorcio.

—¿Nada más? —pregunta la nana.

—¡Sí! —dice el sapo—. También deberá ser feliz con eso.

La princesa y la nana se apartaron del sapo por unos minutos para deliberar.

Esa noche, cenaron puchero de sapo.

Y colorín colorado, este cuento ha terminado.

Berp.

———————————

EL SIRENITO

Había una vez un sirenito llamado Ariel, hijo de Neptuno, el dios del mar, y de Selene, la luna.

Ariel tenía una voz maravillosa, con la que encantaba a todo el mundo submarino, y en especial a las sirenitas casaderas, que morían por él.

Pero, aunque Ariel vivía en el paradisíaco reino de las profundidades del mar, no era feliz. Se sentía solo, diferente, como un medio pez fuera del agua.

En realidad, Ariel era un soñador que soñaba con otros mundos, menos húmedos, y también con otra forma de aparearse, que —aunque también húmeda— fuera más divertida que poner huevos.

Esa mañana, Ariel estaba nadando distraídamente por los recovecos del arrecife, cuando descubre a una criatura desconocida que lo fascina en el acto.

Ella es Serena, una bióloga marina, no demasiado bonita, pero más buena que Laura Ingalls y más genial que Cousteau, ya que piloteaba una nave submarina de su invención.

Ariel la observa detenidamente mientras ella atiende el parto de un caballito de mar embarazado, y no puede dejar de mirarla durante todo el tiempo que ella trabaja en el mar. Pero se enamora instantáneamente cuando descubre que ella estaba abriendo pequeños hoyos en las rocas para que los salmones no se lastimaran cuando saltaran contra la corriente.

—¡Ésta es la criatura que me comprende sin conocerme! —pensó Ariel. Así que verla y amarla fue sólo uno.

Pero, como de costumbre, junto con el amor, empezaron las inseguridades.

—¿Qué podré hacer para enamorarla?... ¿Le doy la mano o le muevo la cola?... ¿Me baño o me seco?... ¿Le pareceré lindo o pensará que soy un pescado?

Entonces Ariel —desesperado de amor— recurre al todopoderoso Señor de las Profundidades, para pedirle un milagro.

—Señor —implora Ariel—, por lo que más quieras, convierte a mi amada en una sirena, así podré enamorarla, y desposarla, y vivir junto a ella para siempre.

Pero el Señor —que se las sabía todas— le dice:

—Si eso es lo mejor que se te ocurre, yo te lo puedo dar, pero así te vas a perder buena parte de la diversión.

—¿Por qué? —pregunta Ariel.

—¿Por dónde? —le contesta el Señor.

Entonces le ofrece cambiarle a él su cola de sireno por un par de piernas y Ariel se vuelve loco de alegría, pero el Señor —que era todopoderoso pero bastante amarrete— le dice que le hará el milagro, pero sólo a cambio de su extraordinaria voz.

—Al fin y al cabo —el Señor se restregaba las manos—, tú dijiste... ¡por lo que más quieras!

El sirenito no lo piensa dos veces y decide hacer el pacto, así que en menos de lo que canta una sirena Ariel se ve a sí mismo transformado en un hombre, con un par de perfectas piernas, más todos los aditamentos, pero mudo.

Henchido de amor corre en busca de su amada Serena, mientras su mente recorre nuevas inseguridades.

—¿Y ahora qué le digo?... —se angustiaba—. ¿Cómo le expreso mi amor?... ¿Entenderá el oficio mudo?

Pero Serena lo recibe con los brazos abiertos, y a los pocos minutos de estar con él ella también se enamora apasionadamente, porque se da cuenta de que él es el primer hombre que conoce en toda su vida... ¡que la escucha!

Y colorín colorado, este cuento ha terminado.

¡Splash!

Mujeres
inflamables

Amar es no ser más que uno.
La cuestión es cuál.

Para una mujer no hay nada más liberador
que abandonar los placeres del masoquismo,
y empezar a luchar.

VIRGINIA WOOLF

Las mujeres somos inflamables —dice mi amiga Lucy—: si un hombre sabe tocarnos el alma... (o el clítoris) nos encendemos en llamas.

Y claro —pienso—, siglos y siglos de mandato de "amor a la entrega", de "amor al amor", combustionan en segundos cuando alguien enciende esa chispa.

Y no es difícil encenderla.

Porque las mujeres queremos arder, queremos consumirnos en el otro, convertirnos en el otro, desaparecer.

Pero los varones desconfían de esa capacidad de entrega tan rápida. A ellos les cuesta más enamorarse.

Porque ellos no están enamorados del amor, como nosotras, y lo tienen perfectamente discriminado del sexo.

En cambio nosotras tenemos todo mezclado, pero además contamos con una imaginación más rápida que la luz, que puede saltar del sexo al amor y del amor al matrimonio en menos tiempo que lo que dura una eyaculación precoz.

Estamos intoxicadas con fantasías e ideas románticas que nos impusieron el cine y las novelas, y no sabemos qué sentimos en realidad.

La cultura ha reprimido durante tanto tiempo la sexualidad femenina, que la única coartada posible para poder gozar ha sido la del "arrebato amoroso". Por eso las mujeres necesitamos la intimidad, porque las emociones son nuestro terreno conocido.

En cambio, al hombre, que no ha sido socializado para la intimidad sino para la lucha, le da terror entrar en esos terrenos indiferenciados de sexo y cercanía afectiva.

Ellos necesitan saber con quién están, conocer a la otra persona, aprender a confiar en ella antes de enamorarse.

Nosotras no tenemos tiempo, necesitamos enamorarnos, porque eso es lo que da sentido a nuestras vidas, y si no hay, inventamos.

Y después no reconocemos.

Pero además, somos tan narcisistas, o sea, tan inseguras, que un hombre que sepa hacernos un buen verso nos tiene ganadas.

Y un psicópata que sepa encontrarnos el talón de Aquiles —diría Lucy— nos puede hacer de goma.

En realidad, yo creo que la verdadera razón por la que las mujeres nos enamoramos de los hombres egocéntricos es porque nuestro ego está sin desarrollar.

Somos como enanas emocionales.

Como eyaculadoras precoces emocionales.

Por eso necesitamos identificarnos con ellos, porque los hemos hecho los depositarios de toda la fuerza y de todo el poder, ya que estamos convencidas de que carecemos de esas aptitudes.

Y también por eso es que necesitamos agrandarlos tanto... ¡para poder subir nosotras unos centímetros! (O sea, ellos vienen a cumplir una función parecida a los tacos altos.)

"A las mujeres sólo hay que amarlas —me dijo un hombre alguna vez— y son fáciles de manejar en todo sentido."

Por eso, insisto en que la esperanza de un príncipe azul que nos va a rescatar es la auténtica perdición de las mujeres.

Podemos amar a un hombre y ser felices con él, pero no con uno que nos rescate.

Porque la clase de hombres que quieren rescatar a las mujeres son hombres que van a querer tener todo el control. Que no nos van a permitir ser dueñas ni de nuestros propios pensamientos.

128

Yo creo que en el fondo de nuestra búsqueda del príncipe psicópata lo que subyace es que nos enamoramos del hombre que queremos ser.

La atracción que sentimos por los hombres complicados, por los imposibles, por los playboys, por el artista inalcanzable, por los poderosos, por el que nos rechaza, etc., es porque en el fondo queremos ser ese tipo.

Nos identificamos inconscientemente con estos personajes porque ellos representan algún aspecto nuestro que hemos negado.

Tal vez para las mujeres con baja autoestima, alguien que no siente culpa frente a nada o que vive su sexualidad libremente, alguien que no se cuestiona, que se siente con derecho a todo, que incluso se dé permiso para tomar o dejar a su antojo, sea el modelo de algo que deseamos ser.

Porque no hemos tenido permiso para ser.

Por eso, el romance es como el opio de las mujeres, porque nos hace el mismo efecto que una droga que nos arranca del dolor que provocan la baja autoestima y la falta de coraje para tomar las riendas de nuestras vidas.

Nos enamoramos del hombre que deseamos ser.

¿Por qué no decidimos ser lo que queramos, y así poder enamorarnos de quien se nos antoje?

Y déjenme decirles que, en la ardua tarea de recomponer la autoestima femenina, el dinero no es un tema menor.

Escuchaba el comentario de una mujer en la playa que le decía a su amiga:

"Ignacio es un machista, mentiroso y rastrero, pero muy en lo profundo de su billetera es un buen tipo".

Pero por muy maravilloso que nos parezca tener a un hombre que nos pague todo, creo que, en el fondo, no nos conviene.

Porque la independencia económica es la primera de las independencias.

Y desgraciadamente vivimos en un mundo donde el dinero manda; por lo tanto, pagar nuestras propias cosas es lo que nos da el derecho a ser en voz alta.

Nunca me olvido del consejo que me dio alguna vez mi amiga Becky:

"No te cases con un hombre por su dinero —me dijo—. Te vas a tener que ganar hasta el último centavo".

———————————

¿Hacer el amor
o
comprarlo hecho?

STRIPPERS

Creo que el sexo es la cosa más maravillosa, natural y completa que el dinero puede comprar.

STEVE MARTIN

Estábamos reunidas en la casa de mi amiga Patricia, con sus dos muy liberadas hijas, de 25 y 30 años, Sabrina y Victoria, y su hermana Estela, una mujer de nuestra edad.

Yo les estaba contando acerca de mi experiencia del día anterior, en el que había tenido que actuar en una despedida de soltera.

—Cuando terminé mi actuación —les contaba indignada—, me invitaron a sentarme con ellas y me anunciaron que habría una sorpresa. ¡La sorpresa era un show de strippers! Yo ya estaba atrapada en la silla, así que me encontré de golpe en el medio de eso. Nunca en mi vida vi algo más desagradable.

—¡Ah!... ¿no les gustó? —dijo Patricia.

—A las otras no sé, algunas aullaban y gritaban, pero no sé si es porque les gustaba o porque les había acontecido un ataque de epilepsia masiva.

—¿A todas?

—A la gran mayoría.

—¿De qué edades?

—Juvenilias.

—¿Por los veintes?

—Treintas.

—¡Ah!... —dijo Patricia—, no eran tan jóvenes.

—¡Querida! —salté—. Para mí, los treintas son casi el líquido amniótico.

—Bueno, contame.

—Nada, que estaban las jóvenes y también había mujeres más grandes. En un momento de la fiesta, nos largaron a doce patovicas, aceitados como para freír, encima de todas las invitadas, y ellos comenzaron su deplorable rutina, tratando de engancharnos en sus juegos elementales, moviendo frenéticamente sus pelvis y ubicando sus bultos rellenos de vaya una a saber qué trapo debajo de nuestras narices.

—Así como lo contás resulta asqueroso —comentó Victoria.

—¡A mí me calienta! —dijo Sabrina.

—¡Te mato!

—No, boluda, te estoy cargando porque sé que el tema te altera —me enrostró la impune, mientras me abrazaba—. Bueno, y ¿qué hacían las otras?

—¡Algunas se enganchaban como locas, muertas de risa, descaradamente los tocaban y respondían a todos sus juegos, se dejaban atrapar en una especie de chales que ellos traían y que usaban como lazos, o bailaban pelvis con pelvis una especie de lambada en aceite que les mancharía toda la ropa... un asco! Pero otras —y esto me enfurece más que lo anterior— se enganchaban porque creían que tenían que hacerlo, pero se las veía incómodas a morir. Y sin embargo, se dejaban tocar, se dejaban usar para ese acto, por no atreverse a decir que no.

—¿A decirle que no a los strippers? —preguntó Victoria.

—¡Qué sé yo!... Puede ser a los strippers, a la persona que tuvo la idea de traerlos, a su padre, a la Santa Iglesia, a los varones en general, a todo le tenemos más respeto que a la propia voluntad. Sobre todo porque la mayoría de las veces ni siquiera sabemos cuál es.

—¡No será para tanto!

—Sí es para tanto, las mujeres estamos tan alienadas de nosotras mismas, tan condicionadas para gustar y ocuparnos siempre primero de los demás, que estamos alejadas de nuestra voluntad, y además tenemos miedo a enojarnos o a decir que no.

—Es cierto —intervino Estela—. Yo a veces tengo ganas de bajarme de un taxi porque el tachero no me gusta, y no lo hago, por si se ofende.

—Bueno, a mí, por hacer eso, me asaltaron en un taxi —respondí—. No confiar en una misma es lo más peligroso que hay. Dice Clarisa Pinkola Estés, en su maravilloso libro "Mujeres que corren con los lobos", que las mujeres hemos sido tan domesticadas por la cultura, que hemos perdido nuestro instinto. No tenemos olfato para reconocer instantáneamente qué es lo que es bueno y lo que es malo para nosotras. Porque respondemos al reflejo que nos quedó de siglos y milenios de condicionamiento, de domesticación de nuestra naturaleza salvaje e instintiva. El poner a los demás, a cualquiera, por delante de nosotras, o sea, el diploma de "La niñita soñada por su papá", no es parte de nuestra naturaleza, sino de nuestra herencia cultural.

—Bueno, pero no creo que el sueño de mi papá haya sido que yo me abrace a un stripper —dijo Estela muerta de risa—. No creo que haya podido siquiera imaginarlo.

—Es cierto, pero el sueño de tu papá de una niñita dulce y obediente para quien él fuera Dios se traduce no sólo en que vas a respetar a los otros más que a vos misma (sobre todo a los varones), sino que la vida de los varones te va a parecer la más digna de ser vivida, y por lo tanto vas a creer en sus valores y los vas a considerar dignos de imitarse.

—¿Que en este caso serían...? —preguntó Sabrina.

—Por ejemplo, disfrutar del sexo con la prostitución. Y conste que las mujeres que había en esa fiesta no eran carmelitas descalzas. Más bien, odaliscas de Versace. Pero nosotras no somos los varones, no tenemos el mismo cuerpo y, por sobre todas las cosas, no tenemos la misma psique. Nuestra sexualidad es completamente distinta de la del hombre, se nutre de otra manera, se despierta y se duerme de otra manera. Y no hablo del romanticismo, que de algún modo no hace más que echar leña a la misma hoguera.

—¿Por qué? —saltó Victoria.

—Porque la necesidad de inventarse un ideal romántico de cada hombre, para permitirse disfrutar del sexo, habla a las claras de las coartadas que necesitaron usar las niñas soñadas de papá para que se les permitiera un poco del placer prohibido.

—¿Por qué decís eso?

—Porque si alguien me arrebata de amor, yo no soy responsable de lo que hago, no es mi culpa. Si él —que es el príncipe azul— me seduce, me domestica, si yo estoy rendida de amor, tirada a sus pies... ¿Qué puedo hacer sino entregarme? Más que entregarme... desaparecer en él.

—¡Basta!... —gritó Victoria—. ¡Que se me hace agua la boca!

—¿Ves? No hay nada que nos guste más a las mujeres que ese estado de arrobamiento, de desposesión de nosotras mismas.

—Pero decime la verdad... —insistía Victoria—. ¿Hay algo más lindo?

—No que yo conozca —admití—. Es esa entrega, esa rendición la que a las mujeres nos hace sentir vivas. La sensación de no pertenecerse más, de estar ocupadas, sitiadas, habitadas por otro.

—Tal vez esa vocación de desaparecer sea el ser mujer —opinó Patricia.

—¡La boca se te haga a un lado!... Yo creo que es una mezcla explosiva de lo biológico con lo cultural, producto del surco que nos hicieron en el cerebro para que dedicáramos nuestras vidas a otro en nombre del amor. Pero también tiene que ver con el hecho de que el cuerpo femenino no es totalmente libre, porque está de por sí atravesado por la especie. Y eso la condiciona a la entrega, a la desposesión de sí misma. Tal vez, en el fondo del inconsciente colectivo femenino, la falta de esta entrega incondicional se viva como infertilidad. Y por eso las mujeres hemos hecho del amor una mística. Porque sin él nos sentimos infértiles. El amor, como el hijo, nos atraviesa, nos ocupa, nos inunda. Y nos da vida.

—¡Sí!... —se inflamó Sabrina—. Todo estaría fenómeno si las mujeres no confundiéramos el amor con el sexo. Porque ahí es donde se arma todo el kilombo.

—Es increíble —comentaba Estela—, pero parece que cuanto más perdidas en otro estamos, más ocupadas por otro, más a gusto nos sentimos.

—Eso también es parte de la herencia. Las mujeres necesitamos buscar excitación y aventura en las relaciones, porque durante demasiado tiempo ha sido nuestro único terreno permitido para explorar. Por eso, para nosotras, una vida sin pasión amorosa, sin romance, es una vida en blanco y negro.

—¡Pero es tan divino enamorarse! —dijo Victoria con los ojitos brillantes.

—¡Por supuesto!... —contesté—. Pero hay que separar la paja del trigo. Hablo de una sexualidad de las mujeres libre y propia. O sea, nueva. Por ahí sin príncipes azules, a los que tenemos que inventar permanentemente, porque si no el gancho nos dobla la espalda. Con hombres comunes y corrientes, que compartan tu respeto por tu cuerpo y por tu alma.

—Lo que ya no los haría tan comunes y tan corrientes —acotó Patricia.

—Depende de nosotras. Cuando nosotras respetemos nuestros cuerpos y nuestras almas, nos van a empezar a calentar tipos que también lo hagan. Pero no van a ser strippers.

—¿Vos decís que esta manera de calentarse con un cacho de carne es masculina? —preguntó Sabrina.

—Yo digo que el hombre tiene al sexo en un lugar muy diferente del de la mujer.

—Es verdad —afirmó Patricia—. ¡Si los hombres se calientan con una revista!

—¡Cierto! —se agregó Victoria—. Por ejemplo, a la mayoría de los hombres que yo conozco los calienta ver a dos mujeres haciendo el amor. Pero a mí, ver a dos hombres hacerlo no sólo no me calienta, sino que me da un poco de asquito.

—Bueno, che —la cargaba la hermana—, pero tal vez a ellos no les guste verlas sólo porque los excita. Por ahí es porque quieren aprender cómo se hace.

—¡Quién sabe! —me reía—. Pero hay algo que es seguro y es que a él no le molesta pagar por sexo. El varón tiene muy asociado el poder económico con la virilidad, por lo tanto pagar por placer no es algo que lo desmerezca como hombre, y en algunos casos muy conocidos, hasta se convierte en todo lo contrario. Pero para la mujer —que lo que necesita es rendirse—, pagar a un hombre por el placer la pone en un lugar, por lo menos, incómodo, y a él en uno definitivamente poco sexy.

—Es cierto, yo quiero admirar a un hombre para que me caliente —dijo Estela, ya en franco tren de confidencias.

—¿Ves? —le contesté—. Los hombres no se calientan con una mujer porque la admiren.

—¡Al contrario! A la que admiran es con la que menos se calientan.

—Pero nosotras también tendríamos que revisar el tema de la admiración porque, para mi modo de ver, ahí hay otra trampa —le dije.

—¿Por qué?

—Porque las mujeres decimos que queremos ser tratadas como una igual, pero también queremos que él sea un poquito más. Y en nuestra necesidad de admirar, yo veo que subyace también la necesidad de ponerse abajo. Seguimos queriendo que ellos tengan la manija, porque todavía no queremos hacernos cargo de nuestra sexualidad.

—Bueno —interrumpió Sabrina—, pero seguí contándome de la fiesta con los strippers.

—Nada, que salí enojada con las mujeres, porque hacen papelones. Los tipos no hacen lo mismo cuando van a ver mujeres bailar. Están sentados en sus mesas con cara de boludos, y tal vez con un hilo de baba en sus bocas. Pero no se tiran encima de ellas a gritar como poseídos. A lo sumo, la mesa en la que están sentados puede empezar a levitar.

—Pero no hay derecho —se quejaba Sabrina—. Si un hombre es muy sexual, es viril. En cambio, si una mujer es muy sexual es una ninfómana. En ellos es poder y en nosotras una enfermedad. Si hasta al acto se lo llama penetrar. ¿Por qué no se llama rodear?

—¡No sería una mala idea!... —la animé—. Hay que trabajar en eso. ¡El lenguaje es una de las cosas que más nos condicionan!

—Bueno, pero... ¿no creés que las mujeres hemos cambiado mucho en el último tiempo? —preguntó Estela—. No sé, me parece que ya no se busca tanto el "amor para toda la vida", que ahora lo que se busca es gozar sin culpa.

—Es que para nosotras gozar sin culpa sigue siendo amar hasta morir. Por el tiempo que dure. Por eso usamos eufemismos, como "hacer el amor".

—¡Es cierto!... —dijo Victoria—. ¿Me puede explicar alguien qué significa la expresión "hacer el amor"?

—¡Sí! ¡Yo! —contestó Sabrina—. ¡Es lo que las mujeres hacemos mientras ellos nos cogen!

———————

El divino botón

SEXO SIN OTRO

¡Sacate la mano de ahí! —le grita mi amiga Mariana a su hijita de cinco años, que insiste en masturbarse delante de las visitas.

Esa noche, varios amigos nos habíamos reunido en su casa y estábamos mirando un capítulo de "Sex and the city", en el que una de las chicas se volvía adicta a un vibrador Hitachi.

Aunque la serie es muy graciosa y está muy bien hecha, debo reconocer que ese capítulo me chocó, y yo no me considero precisamente una mojigata.

¡Las americanas están muy zarpadas! —pensé—. Las mujeres no hablamos entre nosotras de vibradores como quien habla de una crema humectante.

Y no es porque seamos tímidas a la hora de hablar de sexo.

Puedo recordar sabrosas conversaciones con otras mujeres acerca de fellatios, acerca de formas extrañas de penes (el tipo la tenía orientada hacia arriba —se reía una amiga—, daban ganas de colgar la bombacha en ella) y de todo lo que implique tener sexo con otro.

Pero, sorprendentemente, no recuerdo ninguna conversación acerca de sexo sin otro.

Comencé una investigación.

Varias mujeres de distintas edades accedieron a contestar mis preguntas acerca del tema, pero me obligaron a ponerme una venda en los ojos y me hicieron jurar —bajo amenaza de muerte— que ni ante la picana revelaría sus nombres.

—No, yo no me toco porque me da asquito —me contestó una.

—Yo sí me toco, pero me lavo antes —dijo la otra.

—Debo confesarles que yo hace muy poco descubrí

las delicias del jacuzzi, y salgo arrugada de la bañera, pero ¡tan relajada! —acotó una tercera.

—Bueno —dijo una cuarta—, si es por eso, yo no tengo jacuzzi, pero a mí la ducha manual no me ha dado más que satisfacciones.

—¿Y vos? —le preguntamos a otra.

—¡Yo todavía no me recupero de haber perdido la cinta para adelgazar! —contestó.

—¿Qué cinta para adelgazar?

—¡Una cinta vibradora que se usaba antes en los gimnasios, y te la ponías alrededor de la cintura o de las caderas, o de lo que quisieras adelgazar! ¡Tuve más orgasmos con esa cinta que en mis diez años de matrimonio!

—¿Y vos? —le pregunté a la última—. ¿Usás algún aparato mecánico para excitarte?

—¡El único aparato mecánico que realmente me calienta es un Mercedes Benz convertible! —contestó.

Les agradecí su colaboración, las acompañé hasta el auto con vidrios polarizados que las trajo, me quité la venda, y entonces me quedé pensando: ¿Es tan terrible?... ¿Tan vergonzoso?... ¿Por qué las mujeres no hablan ni entre ellas de esa parte de su intimidad?

Y entonces comprendí que los libretistas de "Sex and the city" habían roto con un tabú tan grande que ni siquiera la revolución sexual pudo hasta ahora con él. Aquel que dice que las chicas buenas no se masturban.

Que la masturbación femenina es sólo de ninfómanas o perversas.

¿Pero por qué, en una cultura que ha endiosado el sexo, la masturbación femenina sigue siendo considerada tabú? ¿Por qué nos hace gracia cuando los hombres hablan de Manuela, y nosotras no tenemos nombre para lo innombrable?

Por una sencilla razón que es la diferencia básica entre los hombres y las mujeres.

Porque en materia de sexo, desde tiempos inmemoriales, el mensaje para los varones sigue siendo "Hacelo" y para las mujeres sigue siendo "No lo hagas".

Porque las mujeres hemos crecido con el mandato de la negación del cuerpo.

El cuerpo femenino "no debía ser tocado".

¡Ni siquiera por nosotras!

Estamos alienadas de nuestros cuerpos.

Si no, ¿cómo se justificaría que el sexo sea algo que alguien nos "hace", que el orgasmo sea algo que alguien nos "da", que el placer sea algo a lo que nos "rendimos"?

Cuando Mariana le grita a su inocente niña para que no se masturbe, lo hace porque está tratando de protegerla.

Pero no hay nada más peligroso que la ignorancia. Sobre todo para una mujer.

Porque si nosotras no conocemos el funcionamiento de nuestros cuerpos, si no tenemos idea de por dónde pasa nuestro placer... ¿Por qué otro debería saberlo?

Y en el supuesto caso de que lo sepa, ¿no nos deja eso en un estado de vulnerabilidad mayor?

Porque si sólo podemos gozar a través de él, el otro se convierte en el dueño de nuestro placer, y por ende terminará colonizando nuestras emociones. Entonces el placer, que debería liberarnos, nos esclaviza.

El cuerpo femenino es un maravilloso y complejo aparato de Diosas... ¡Y nosotras sin el manual de instrucciones!

Por eso, chicas, animémonos a tomar el sexo en nuestras propias manos, ya que no hay razones para tenerle miedo al "divino botón".

Porque cuanto más en contacto estemos con nuestros cuerpos, cuanto más conozcamos nuestra verdadera naturaleza sexual, más chances tendremos de hacer buenas elecciones.

De tener más claro cuándo decir que sí y cuándo decir que no.

Al fin y al cabo, de eso depende que podamos acceder por fin a un placer que no nos esclavice.

———————

Consultorio sentimental

"La flecha de Cupido
me dio en el hígado"

De la Dra. Cunny Linguss

Querida Dra. Cunny Linguss:

Soy una mujer de 40 años y nunca me casé, pero digo que soy divorciada para que no piensen que tengo algo malo.

Al principio de la soltería yo era optimista, pensaba: "Quiero conocer a un tipo inteligente, sensible, buen mozo, algún profesional de éxito".

Pero ahora me encuentro pensando: "¡Dios, cualquier boludo que mee parado!".

Dicen que en algún lugar hay una persona correcta que nace para cada uno. Tengo miedo de que el mío haya muerto al nacer.

Este año he estado en más citas a ciegas que Stevie Wonder. Ya me merezco por lo menos un lazarillo.

Doctora: ya no sé qué hacer...

Soltera deprimida.

Querida Soltera:

No quiero que te deprimas, pero la verdad es que me parece una pena que sigas perdiendo tu tiempo en malas citas, cuando ya tenés edad como para estar en un mal matrimonio.

¿Por qué no probás mandarle un mensaje a la NASA?

¡Si ellos pudieron poner a un hombre en la Luna, capaz que pueden poner uno en la puerta de tu dormitorio!

Saludos.

Dra. Cunny Linguss.

Querida Dra. Linguss:

Soy divorciada tres veces, pero finalmente me doy cuenta de que toda mi vida estuve con el hombre fantaseado, nunca con el hombre real.

Como ninguno cubría mínimamente mis expectativas, yo a mis tres maridos los inventé, los vestí, los adorné como a un arbolito de Navidad, les puse moños de colores y con mi fantasía suplanté todo lo que les faltaba.

Un día les saqué todo lo que les había puesto y no los reconocí.

Bueno, yo ahora no quiero fantasearlos más.

Quiero que me gusten por lo que son.

Pero desde que soy así, no me gusta nadie más.

Doctora... ¿habrá alguna salida?

Fantasiosa sin remedio.

Querida Fantasiosa:
¡Bienvenida al club!

Dra. Linguss.

Querida Dra. Cunny Linguss:

Necesito contarle que yo no puedo vivir sin un hombre. Tengo 38 años y soy madre de siete hijos.

Pensé que después de éste colgaba los guantes, pero empecé una nueva relación y me parece que estoy embarazada de nuevo.

Todos los hombres que conocí quisieron tener hijos conmigo, y yo no puedo decir que no porque me siento la Pachamama.

Es tan emocionante cuando un hombre te dice: "Quiero que tengamos un hijo".

Por supuesto que habría sido mejor si alguno de ellos se hubiera quedado conmigo o se hubiera hecho cargo de algo.

O si yo hubiera sido como esas mujeres que siempre se casan con millonarios y en lugar de hijos tienen rehenes que les aseguran un par de millones por crío.

Pero no es mi caso.

Los padres de mis siete hijos son pobres, pero por suerte completamente inútiles.

El que tengo ahora tampoco es un Adonis pero por lo menos mea de parado. No será el más lindo ni el más inteligente ni el más culto, pero... pero nada... eso.

Me gustaría saber si no tiene una changuita de cualquier cosa porque no doy abasto para mantenerlos a todos.

Irene, la Pachamama.

Querida Irene:

A mí también me gustan los chupetines, pero de vez en cuando me los saco de la boca.

Tu intoxicación de romanticismo te hace ver visiones.

Vos no sos la Pachamama.

Vos más bien sos la Chabuca Aranda, una mucama paraguaya.

Y creo sinceramente que tu problema tampoco se arreglaría con dinero, porque un hijo no es sólo la guita. ¡Ojalá!

¡Un hijo es la deuda externa, nunca terminás de pagarla!

Mi consejo es que pruebes con la aspirina.

No para que la tomes, porque se ve a la legua que a vos nunca te duele la cabeza.

Pero te la ponés entre las rodillas, la apretás bien fuerte y no la soltás hasta que te venga la menopausia.

Y por favor, a partir de ahora, no confíes en un hombre aunque te haya hecho siete hijos.

Especialmente si te hizo siete hijos.

Tuya, Dra. Cunny Linguss.

Querida Dra. Cunny:

Yo con mi marido tengo problemas con el sexo...
¿cómo decirle?

Él no es de mucho... comer, en cambio yo suelo tener hambre, y aunque no tenga, igual me gusta picar
algo.

A la mañana, cuando lo veo meterse en la ducha, me
dan ganas de acompañarlo y compartir el jabón un rato,
pero la única vez que lo hice, me dejó afuera del chorro.

Cuando se terminó de bañar, me besó con un apasionado beso en la frente y salió.

Tampoco pierdo la oportunidad de que hagamos una
buena siesta los domingos, pero siempre la dormimos. Y
por las noches, tiene sueño, está cansado o está nervioso.

En fin, para ser clara, sólo algunas mañanas me aga-
rra medio dormida y me lo hace en un ratito. Porque él
generalmente llega al clímax antes de que yo esté pronta.

A veces, antes de que yo esté en la habitación.

Él dice que no es un eyaculador precoz, sino que
está contento de verme.

Llevo así catorce años y ya tengo la autoestima por el
piso, pero todos me dicen que soy una linda mujer.

Mi pregunta es: Doctora, ¿soy una insatisfecha, una
insaciable o simplemente una mal... querida?

Deseosa incomprendida.

Querida Deseosa:

Tu desgarrador testimonio me llegó al corazón y
dejame decirte que lo tuyo me suena a mal... querida por
los cuatro costados.

Yo en tu lugar huiría despavorida ya que a un hombre se le puede perdonar cualquier cosa menos que no
nos desee.

Así que no lo dudaría y me iría con mis deseos a otra
parte.

Y tampoco me preocuparía por él.

152

Ni siquiera se va a dar cuenta.
Buena suerte.

Dra. Cunny.

Estimada Dra.:
Le escribo a usted porque estoy muy preocupada. Tengo 45 años y tres hijos, pero la más chiquita, que tiene seis años, vino el otro día de la casa de una amiguita con la teoría de que el coito es —según sus propias palabras— "cuando el clítoris de la mujer se mete en el pito del hombre".
Yo no puedo creer que a esa edad ya hablen en estos términos, y tampoco sé bien qué decirle. Dígame la verdad, doctora... ¿Es normal que hablen así las chicas de esta generación? ¿Qué me aconseja?

Madre desorientada.

Querida Madre:
Frente a esta generación, nosotras somos de la Edad de Piedra. ¿Vos estás preocupada por tu hijita? ¡Tu hijita debería estar preocupada por nosotras!
¡Que hasta el año pasado no sabíamos qué era el clítoris, dónde quedaba, ni para qué servía!
Felicitá a la niña de mi parte.

Dra. Cunny Linguss.

Querida Dra. Cunny Linguss:

Mi pregunta es: ¿Qué quieren los hombres? ¿Me parece a mí o cada vez está más difícil relacionarse con ellos?

¿Hay que ser sinceras o mentir un poco?... ¿Hay que mostrar interés o mostrarse reticente? ¿Hay que llamarlos o esperar a que te llamen?

¿Hay que decirles que tenés otra relación o hay que mostrarse monogámicas?

¿Decirles que querés casarte o que no querés compromisos?

Yo ya probé con todas las opciones y ninguna dio resultado.

Indecisa atómica.

Querida Indecisa:

Si yo supiera qué quieren los hombres, no estaría aquí, porque escribiría un best seller mundial que me haría millonaria y estaría viviendo en mi propia isla en Cerdeña.

Yo no sé qué quieren los hombres.

Nadie sabe qué quieren los hombres.

Los hombres tampoco saben lo que quieren.

Por lo tanto, encontrar el camino correcto para seducir a un hombre es como encontrar la piedra filosofal, ya que no debe haber nada más parecido al filo de una navaja.

En realidad una debe mostrarse un poco interesada, porque si no, no se acerca ninguno, pero no demasiado como para parecer desesperada.

Debe mostrar entusiasmo suficiente como para que él se sienta bienvenido, pero no demasiado como para que desconfíe.

Debe hacerle sentir que él es único y especial, para que se relaje, pero sugerir que hay otros esperando su lugar, para que no se apoltrone.

Debe hacerse respetar desde el primer día para que no se confunda, pero no tanto como para que no se anime a tocarla.

Si quiere decir que no, no puede andar con sutilezas como, por ejemplo, decir que no. Para los hombres, un no de mujer quiere decir: "Puede ser".

(Los hombres no captan las sutilezas, y mucho menos si lo que tienen que captar es que tienen que irse, así que la delicadeza en esos casos puede hacer perder un tiempo precioso.)

No tiene sentido molestarse preguntándole por ejemplo: ¿Qué parte de la palabra No es la que no entendiste?

Si realmente quiere que se vaya, tiene que darle con algo contundente por la cabeza.

Pero, si este método le resulta demasiado agresivo, puede probar con decirle: "Te amo, quiero casarme contigo, quiero que vivamos juntos el resto de nuestras vidas".

Va a dejar marcas en el pavimento.

¿Entendiste?

¡Suerte!...

Dra. Cunny Linguss.

Doctora:

La vida es muy injusta con las mujeres... ¿no cree?

Porque los hombres pueden elegir a la mujer que quieren si tienen dinero.

Mujeres de 20, de 30, de 40.

Además, el poder y la plata a ellos los hacen más atractivos sexualmente. Pero al revés no es lo mismo.

Porque no hay poder ni dinero que hagan más atractiva a una mujer si no es joven y bella.

¿Sabe qué me dijo un hombre el otro día?... ¡Que las mujeres venimos con fecha de vencimiento!

¡Pero si algunos millonarios se promocionan anunciando la plata que le van a dejar a sus ex cuando las cambien por otra!

¡Y hay colas de pendejas esperando esa oportunidad!

Doctora: antes había más chances con los varones porque las pendejas no corrían en la misma cancha.

Cuando yo era jovencita, a mí también me gustaban los hombres más grandes.

Pero ahora tengo 46 años, y estoy muy preocupada porque sólo me atraen los pendejos.

Doctora... ¿qué debo hacer?

Adolescente tardía.

Querida Adolescente tardía:

Quedate tranquila que a los cincuenta se te pasa, porque es la exacta edad en la que te empiezan a gustar los hombres de tu edad.

Sólo que vos ya no le vas a gustar a ellos.

Pero no todas son injusticias en la vida.

Toda la guita que los millonarios les dejan a las pendejas cuando las cambian por otras, ellas terminan dándosela a algún pendejo del que se enamoran instantáneamente en cuanto se separan del millonario.

Y así el dinero fluye entre las distintas generaciones.

Además, ellos también tienen fecha de vencimiento... ¿Sabés cuándo?

¡Cuando se les acaba la guita!

Tuya, Dra. Cunny.

Doctora:
Me acabo de divorciar por tercera vez en mi vida y

tengo la sensación de que el matrimonio es una institución en crisis... Usted que es una experta...

¿Me puede decir por qué se divorcia tanto la gente?

Divorciada conflictuada.

Querida Divorciada:

Según las estadísticas del centro de investigaciones "Scarbarden", las causas por las que las personas se divorcian obedecen en el 32% de los casos a razones de orden sexual, y en el 68 % de los casos a desórdenes sexuales sin razón.

Hubo también un reducido porcentaje de casos que no quisieron contestar sin consultar primero con su abogado.

Si tomamos en cuenta los primeros datos del sondeo, nos encontramos con que la mayoría de los encuestados se ha divorciado por lo menos una vez, y hay una insistente minoría que lo ha hecho más de tres veces.

Con lo que podríamos preguntarnos si no será que lo que está en crisis no es el matrimonio, sino el adulterio.

Así que no deberíamos dejar pasar este dato tan esclarecedor que nos deja la encuesta:

La razón más frecuente del divorcio es el casamiento.

Dra. Linguss.

Estimada Dra. Cunny Linguss:

Tengo 32 años, soy una mujer felizmente casada y madre de dos niños.

Pero mi vida se ha visto completamente alterada porque mi íntima amiga —que es estéril— me pidió que le alquilara el vientre para poder tener un hijo.

En realidad ella sería una madre soltera, ya que tampoco tiene pareja, por lo que calculo que va a necesitar que le alquile a mi marido también, y ella no me está pagando los dos alquileres.

Yo lo estoy pensando mucho porque no es una decisión fácil, pero la verdad es que me da mucha pena porque se ve que para ella es una cuestión de vida o muerte.

Ahora... Si yo me decidiera a hacerlo... y es evidente que no voy a ser la madre del chico... Yo... ¿qué vengo a ser?... ¿el horno? Ese hijo... ¿sería de ella, mío, de los tres?

Doctora... ¿qué me aconseja?

Uterina fértil.

Querida Uterina:

¡No lo puedo creer!

Vivimos en una época tan loca que las mujeres tienen hijos para afuera.

No me sorprendería si un día de éstos sale un aviso en los clasificados que diga: "Alquilo vientre dos ambientes con dependencia, ideal mellizos".

Te confieso que este asunto del alquiler de vientres me resulta completamente incomprensible.

¿Te parece un favor para pedirle a alguien?

Es como si alguien te pidiera prestado el hígado para poder comer fritos o las piernas para ponerse minifalda.

Yo a una amiga le puedo prestar ropa o plata, o hasta algún novio en un caso de fuerza mayor, pero cualquier cosa que salga de mi cuerpo después de nueve meses yo me la quedo.

Y no me importa si se parece a ella.

¿Está claro?

Dra. Linguss.

Estimada Dra. Cunny:

Tengo 35 años y hace cuatro que estoy saliendo con un hombre soltero de 40.

Nos llevamos perfectamente bien, ya que tenemos gustos muy afines, nuestra relación sexual es excelente y todo indica que hacemos una pareja ideal.

Pero cada vez que yo le hablo de asumir un compromiso mayor, o de pensar en formalizar, él me dice que no está preparado para casarse.

Él cree que es un regalo de Dios para las mujeres. ¿Usted qué piensa?... ¿Hay alguna manera de prepararlo?

Novia eterna.

Querida Novia eterna:

Para empezar, si tiene 40 años y todavía está soltero debe ser por lo menos fijado en la madre.

Y si él es un regalo de Dios para las mujeres, hay que rogar para que Dios haya guardado el recibo.

Pero éste es un problema que les sucede a muchísimas mujeres, si te consuela en algo.

Los hombres están imaginando siempre lazos alrededor de sus cuellos, porque cualquier tonto cree que él es un regalo de Dios para las mujeres, y al mismo tiempo viven en un estado permanente de no preparación para el compromiso.

Ellos nunca están preparados.

Yo creo que la verdadera razón por la que no pueden es que en el fondo de sus corazoncitos masculinos albergan la loca fantasía de que si se casan —por más que sean muy felices— algún día, en alguna circunstancia, Pamela Anderson y Jennifer López van a venir a invitarlos para hacer una fiesta, y ellos no van a poder ir porque están casados.

¿Entendés?

Con respecto a si hay alguna forma de prepararlos, y... sí, probá ponerlo en remojo, por ahí se ablanda.

O probá dejarlo colgado, por ahí madura.

O si no, probá echarle sal en la cola.
Por ahí, se queda.
Suerte.
La vas a necesitar.

Dra. Cunny.

Estimada Doctora:
Soy una mujer de 70 años, y le escribo a usted porque las mujeres nos quejamos de los hombres, pero a los hombres los criamos las madres, así que tenemos la culpa de haberlos hecho como son.

Yo crié a mis hijos sola y tuve que hacer de padre y madre.

A mi modo de ver, los míos (y casi todos los de su generación) ya están completamente arruinados, así que no le veo el sentido a seguir discutiendo con ellos.

¿No cree usted que ya deberíamos estar trabajando pensando en la próxima generación?

Madre arrepentida.

Querida Madre:
¿Criaste a tus hijos sola y tuviste que hacer de padre y madre?

Muchas tienen marido y hacen lo mismo.

En primer lugar, a los hijos no los criamos sólo las madres, en los mejores casos los crían también los padres, la familia, la escuela, los amigos, la cultura en la que les toca vivir, y —cada vez más— los medios audiovisuales y la Internet. Pero aun suponiendo que sí los criaron las madres, creo que la pregunta que nos tendríamos que hacer no es si la tarea estuvo bien o mal hecha, sino... ¿por qué los criaron sólo las madres?... ¿y los padres dónde estaban?... ¿Por qué condenamos a las madres por la educación de los hijos, pero absolvemos a los padres por no estar en absoluto para educarlos?

Esto me recuerda una anécdota que le atribuyen a Golda Meir, cuando era primera ministra de Israel.

Parece que las autoridades habían decidido que —a raíz de que había habido repetidos casos de violaciones nocturnas— las mujeres no podrían salir de sus casas después de las diez de la noche.

Y entonces Golda —haciendo gala de un extraordinario sentido común, o sea, el menos común de los sentidos—, dijo: "Si hay violaciones nocturnas, los que no deben salir después de las diez de la noche son los hombres".

¿Podés creer que a nadie se le había ocurrido?

Así estamos.

Con respecto a tu pregunta específica, creo que las mujeres tenemos que trabajar no sólo pensando en la próxima generación, sino en la próxima encarnación.

Nunca habrá un nuevo hombre si no lo amasamos las mujeres.

Pero no sólo la madre, todas las mujeres que ese hombre encuentre en su vida tendrán que ir amasándolo hasta el fin de sus días, en el que estará a punto de caramelo.

Recemos juntas por que llegue ese día.

Cariños.

Dra. Linguss.

¡Hola Doc!:

Tengo 13 años y creo que estoy re-enamorada por primera vez en la vida, pero quiero que usted me lo confirme, porque me parece que sí, pero no estoy re-segura.

Me dijeron que el amor se reconoce por sus síntomas, y a mí desde que lo conozco a este pibe me re-transpiran las manos, el corazón me late re-fuerte y parece que se me va a *salir del pecho, pero además lloro por cualquier cosa, y me dan dolores de estómago cuando se va.*

Dígame la verdad, doctora... ¿Es esto el verdadero amor?

Romántica de Flores.

Querida Romántica:
La cosa suena bien, pero lamento decirte que ésos son exactamente los mismos síntomas del síndrome premenstrual, así que yo en tu lugar consultaría a un médico.

Dra. Linguss.

Doctora:
Si me pongo a pensar la cantidad de veces que hice el amor con un hombre porque él quería, o por no quedar como una histérica, o porque me sentía sola, o para que me quisieran, o por culpa, o por no defraudarlo, o porque me daba miedo, me doy cuenta de que, en realidad, nunca lo hice porque yo quería... Y ahora que lo haría por mí, no tengo con quién. Doctora... me siento un bicho raro... ¿usted cree que yo estaré a tiempo?

Alterada de Mendoza.

Querida Alterada:
No sólo no sos un bicho raro, sino que compartís la misma historia con millones de mujeres, de toda raza y tamaño.

Para que veas que no estás sola en el mundo, te cuento algunas otras motivaciones por las que las mujeres hacemos el amor que no están en tu lista, pero que también tienen mucho rating, como hacerlo por dieta (quema más

162

calorías que nada), por belleza (da mucho mejor rubor que Lancôme), por aburrimiento (no hay nada en la tele) o para contárselo a las amigas.

Pero también hay muchas (cada día más) que sólo lo hacemos porque nos gusta, y para eso siempre se está a tiempo.

No te lo pierdas.

Tiene otro gustito.

Saludos.

Dra. Cunny Linguss.

Doctora:

Hace más de un año que estoy de novia con un hombre buenísimo, pero anoche me mandé una metida de pata enorme y no sé como arreglarla... ¿Sabe lo que hice, doctora?... ¡Lo llamé con el nombre de mi ex!... Dígame... ¿Qué puedo hacer ahora?

Confundida de Chacarita.

Estimada Confundida:

Lamento decirte que lo tuyo no tiene arreglo. Yo te recomendaría que te busques otro novio, porque no sé si lo que hiciste tiene retorno. Y tratá de ser más cuidadosa con el próximo. ¿Para qué te creés que se inventó la palabra "querido"?

Dra. Cunny.

Estimada Doctora:

Somos amigas desde la infancia, y nuestra amistad se ha conservado intacta hasta la madurez.

Nos animamos a escribirle porque sabemos de su sabiduría para las cosas del amor.

Las dos estamos casadas pero igualmente insatisfechas.

El marido de mi amiga es un intelectual muy brillante, pero a la hora de los bifes no pega una.

El mío es una fiera en la cama, pero es más bruto que un arado y tan tierno como un taladro.

Entre los dos no hacen uno.

Díganos, doctora... ¿Qué nos aconseja?

Hermanadas en la frustración.

Queridas Hermanadas:

Tengo la solución salomónica para ustedes.

Pongan a los dos en un mortero y machaquen hasta que salga uno como la gente.

No sueñen con dos, porque no alcanza.

Pero si les sale bien, lo que pueden hacer es organizarse.

Dra. Cunny.

Querida Dra.:

Mi vida no ha sido fácil, ya que nunca tuve suerte en el amor.

Tampoco me va bien con la salud ni con el dinero, pero en todo lo demás estoy fenómena.

Tuve un par de maridos y una veintena de amantes, pero entre todos no podríamos hacer uno al que se le pudiera creer algo de lo que decía.

Aunque todas estas experiencias no fueron en vano, porque aprendí mucho.

Si usted me preguntara si aprendí algo de los hombres tengo que decir que sí. Aprendí a mentir.

Pero hace una semana que estoy saliendo con un hombre bastante inusual, y es ése el motivo de mi consulta.

Me contó que estaba separado hacía un año, que tenía dos chicos, etc., etc. Bueno, el asunto es que todo lo que me dijo durante esa semana... ¡era cierto!

Y pude comprobarlo porque tengo una amiga que vive en el mismo edificio que su ex mujer.

¡Nos vimos durante una semana entera y no mintió ni un poquito!... Dígame la verdad, doctora... ¿no es sospechoso?

Para mí que tiene alguna enfermedad terminal.

Escéptica glandular.

Querida Escéptica:

No existe ninguna enfermedad más terminal que el escepticismo.

Pero un hombre que no miente ni un poquito durante una semana, si no es el príncipe azul le anda raspando.

De cualquier manera, nunca me voy a cansar de decirles que los hombres no vienen hechos. Hay que elegir a uno y ponerse a amasar.

Éste parece tener una buena materia prima.

Comprendo tu vértigo, porque no es fácil volver del escepticismo, pero cerrá los ojos y apretá enter.

Después contame.

Dra. Cunny Linguss.

Dra. Linguss:

Soy una mujer de 59 años, viuda y con un buen pasar, por mi trabajo viajo mucho y llevo una vida bastante satisfactoria.

Pero, desde hace un tiempo, empecé a pensar que la gran frustración de mi vida es la de no haber tenido un hijo.

¿Le parece que busque un banco de esperma e intente una inseminación artificial?

Marcela, de Vieytes.

Querida Marcela:

Decime la verdad...

¿Para qué podés querer tener un hijo a los 59 años?...

¿Para poder usar pañales al mismo tiempo?

Yo no soy la mejor para aconsejarte porque no soporto ni siquiera la idea de tomar café con un extraño... ¡Imaginate tener un hijo!

Seguí viajando.

Dra. Cunny.

Estimada Doctora:

Estoy casada hace ocho años y tengo un matrimonio perfecto.

Perfectamente aburrido.

Pero ya es el cuarto y no pienso separarme otra vez, así que he decidido ser bígama. Creo sinceramente que la bigamia tiene muy mala prensa, porque somos una sociedad muy hipócrita, ya que el 80% de los casados que yo conozco son bígamos y no lo admiten.

Pero no crea que por mi condición yo no tengo mis reglas. Mi concepto de la fidelidad es no estar con dos hombres en la cama al mismo tiempo.

166

Me parece que llegó el momento de revalorizar la bigamia, de sacarla a la luz, de limpiarla de cualquier prejuicio y restituirla al lugar que le corresponde en la sociedad actual.

O sea, una alternativa tan válida como cualquier otra.

Estamos formando AMABIBI, Asociación Mundial de Ayuda al Bígamo y/o la Bígama, que consta de grupos de autoayuda para bígamos de ambos sexos, jardines maternales para hijos de bígamos, festejos del día del orgullo bígamo, seguro social que incluya a las dos familias del bígamo y/o la bígama, etc., etc., y nuestro lema va a ser:

"La monogamia no existe. Son los padres."

También estamos pensando en incluir a los trígamos para que no nos llamen prejuiciosos.

Le mando algunos de nuestros estatutos, para que vea que somos gente seria.

Código de la infidelidad:

1. Los casados tienen que salir con casadas. Si no, no hay igualdad aunque haya fraternidad.

2. El hombre infiel tiene que pagar las cuentas de su esposa y de su amante. De la esposa, todo, y de la amante, salidas, viajes, hoteles, traslados, etc. No se puede ser infiel y amarrete. Sería demasiado.

Y más, mucho más.

¿Qué le parece, doctora?... ¿Le gustaría participar?

Doña Flor al resto.

Querida Doña Flor:
Te agradezco la invitación, pero no es mi mambo.
Mi sistema nervioso no lo resistiría.
No me disgusta del todo la idea, no te creas, pero la verdad es que no sé si aguantaría a dos hombres.
En realidad, no sé si aguanto a uno.
Pero la que seguro no va a aguantar es la cama.

De cualquier manera, dejame decirte que lo tuyo es envidiable.

Cuando la mayoría de las mujeres se queja por la falta de hombres disponibles, vos tenés dos.

Dejá de contar guita delante de los pobres... ¿querés, Lucky Lady?

Con respecto a tu propuesta de la bigamia como alternativa para el aburrimiento marital, no seré yo quien te critique. Creo que cada uno tiene que buscar la felicidad como pueda... ¿Por qué no?

Después de todo, ¡la monogamia deja mucho que desear!

Ahora también, en muchos casos, un matrimonio abierto puede ser la manera que tiene el destino de decirte que necesitás un divorcio.

Saludos.

Dra. Linguss.

Querida Dra. Linguss:

No tengo suerte para nada y mi vida transcurre de fracaso en fracaso.

Ya de niña, mis dos hermanos me hacían la vida imposible con sus bromas macabras. Uno de sus pasatiempos preferidos era poner en mi plato de la fruta una cáscara de banana vacía, armada como si estuviera llena.

Todos los días me hacían lo mismo y yo siempre caía como una chorlita, inocentemente creyendo que me iba a comer una banana, para terminar llorando y yendo a encerrarme en mi cuarto.

Mi vida en esa época fue un verdadero infierno.

De grande me casé porque mis padres me arreglaron un matrimonio, y me fui de la casa paterna para volver a los pocos días ya que mi marido se quedó impotente a los cinco minutos de conocerme.

Por conocerme.

Al cabo de un tiempo que pareció una eternidad, me volví a casar.

Pero se anuló el matrimonio porque mi marido resultó gay.

O sea que ahora voy a cumplir 40 años y sigo virgen.

Dígame la verdad, doctora... ¿Qué pasa conmigo?

¿Tengo una maldición gitana, me abandonó el desodorante o debería ir al exorcista?

Fracasada casada.

Querida Fracasada:

Aunque te parezca imposible, la tuya es una patología bastante común.

No es una maldición gitana pero le anda raspando. Se llama el síndrome de la banana vacía y —como la celulitis— se da sólo entre las mujeres, incluso entre aquellas que no tienen hermanos.

No es tu culpa, ni te abandonó el desodorante, pero la cura no es fácil en los tiempos que corren porque cada vez son más las mujeres que lo padecen y el síndrome ya amenaza con convertirse en epidemia.

¿Sabés qué?... Pensándolo bien...

El exorcista no parece una mala idea.

Si conseguís uno bueno, pasame el teléfono.

Tuya, Dra. Cunny Linguss.

Doctora:

Le escribo a usted porque estoy muy preocupada.

Tengo 25 años y desde hace dos estoy de novia con Danny —mi vecino desde la adolescencia—, pero recién empezamos a tener relaciones sexuales hace unos meses.

Él me pregunta constantemente si yo quedo satisfecha, pero yo no me doy cuenta de si tengo orgasmos.

169

Le pregunté a mi analista y me dijo que mis orgasmos no eran de los buenos.
Doctora... ¿cómo hago para saber si son buenos o no?

Frígida dubitativa.

Querida Frígida:
Según mi experiencia, hay básicamente cuatro tipos de orgasmos y se pueden reconocer por su manifestación:
El positivo: ¡Oh!... Sí, sí... Sí, ¡Síííí!
El negativo: ¡Oh! No. ¡Oh, no!
El religioso: ¡Oh, Dios!... ¡Oh, Dios!
Y el falso: ¡Oh, Danny!... ¡Oh, Danny!
¿Cuál te suena?

Dra. Linguss.

Querida Dra. Cunny:
Soy una mujer de 27 años, felizmente casada y madre de dos mellizos divinos. Un varón y una nena de un año.
Mi consulta es porque estoy bastante preocupada ya que el nene es muy agresivo con la hermanita, le pega, la araña, y la pobrecita no sabe cómo defenderse porque es una santa.
Doctora: Quiero ayudar a mi nena... ¿Qué tengo que hacer?

Madre primeriza.

Querida Primeriza:
No te preocupes por defender a la nena.
Esperá que empiece a hablar.
Después contame.

Dra. Linguss.

Doctora:

Hace ocho años que estoy casada con un hombre muy bueno, pero más aburrido que chupar un clavo.

Para lograr que esboce una sonrisa habría que hacerle cirugía correctiva.

Yo he tratado de seducirlo durante todo este tiempo con los más variados métodos, pero todo ha sido en vano. Hace un par de años que no me toca ni con una garrocha.

Harta de la indiferencia de mi marido, conocí a un hombre que me encantó y comencé con él una relación verdaderamente apasionada.

Por supuesto que mi marido no sabe nada de esto, pero lo más llamativo del caso es que ahora él parece haber despertado de su letargo, porque desde que estoy en esta nueva relación se ha vuelto el mejor marido del mundo y me persigue todo el tiempo para tener sexo.

Doctora: ¿Quién entiende a los hombres?

Casada desconcertada.

Querida Casada:

Me sorprende que, a pesar de toda tu experiencia, todavía desconozcas algunas de las leyes fundamentales del mercado del amor.

Por ejemplo, la que se podría definir así:

Olor de Hombre llama a Hombre.

No es tan difícil.

La misma mujer, con un hombre al lado, se vuelve más atractiva que sola. Pero esto es porque los hombres están hechos unos histéricos.

En cambio, las mujeres somos muy distintas.

No existe nada más excitante para una mujer que un hombre enamorado.

De otra.

¿Querés saber quién entiende a los hombres?... ¡Yo!... ¡Por supuesto!...

¡Y a las mujeres también!

Te deseo éxito.

Dra. Cunny Linguss.

Querida Dra. Cunny Linguss:
He escuchado decir que los hombres también tienen menopausia. Pero no se les nota como a nosotras.
¿Usted me podría decir cuál es la diferencia entre la de ellos y la nuestra?

Menopáusica mental.

Querida Menopáusica:
Cuando a una mujer le llega la menopausia, pasa por una serie de complicados cambios hormonales, que son de orden emocional, psicológico y físico.
Y cada mujer responde según su caso y circunstancia.
Pero la menopausia en los hombres provoca una reacción prácticamente unánime.
Cambian el auto y a la mujer por un modelo más nuevo.
¿Contesté tu pregunta?
Espero que sí.
Saludos.

Dra. Linguss.

Dra. Linguss:
Tengo 35 años y hace sólo tres que estoy casada, pero toda mi familia me persigue con el tema de la maternidad y ya me estoy empezando a obsesionar.
Lo que pasa es que todo lo que veo a mi alrededor me asusta más y debe ser por eso que no quedo embarazada, aunque no nos estamos cuidando con mi marido.
Mi hermana mayor estuvo 36 horas de parto, y si yo no soporto hacer algo que me gusta por 36 horas, imagínese pujando.
Como si fuera poco, acabo de leer en el diario que en

algún lugar de la Tierra, cada cinco segundos, una mujer da a luz a un niño. Y eso me desespera.
Doctora:... ¿qué puedo hacer?

Valeria, de Rosario.

Querida Valeria:
¡Tenés que encontrar a esa mujer y pararla inmediatamente!

Dra. Cunny.

Doctora:
Soy una mujer mayor, pero los años no me han ayudado a vencer mi timidez, sino más bien todo lo contrario, y el psicoanálisis tampoco me ayuda.
Mi marido —que en paz descanse— nunca me vio desnuda (ni mostró el más mínimo interés en verme). Ahora hace dos años que estoy saliendo con otro hombre, pero tengo la autoestima tan baja, que cuando hago el amor con él fantaseo con que yo soy otra persona. Y, por supuesto, tampoco me animo a que me vea desnuda.
Mi analista me preguntó el otro día: ¿Cuándo le parece que es el momento de pasearse desnuda delante de una nueva relación?
Y yo le contesté: ¡Cuando querés que se termine!
Doctora... ¿Usted cree que habrá alguna esperanza para mí?

Vergonzosa glandular.

Querida Vergonzosa:
Te voy a enseñar el mantra de las mujeres mayores, y te recomiendo que lo repitas mentalmente varias veces por día.

En el sexo lo importante no es cómo te ves... sino ¡cómo te sentís en la oscuridad!

Por ejemplo yo, en la oscuridad, ¡me siento Sharon Stone!

Cariños.

Dra. Linguss.

Doctora:

Después de años de haber sido la más abnegada de las mujeres, creo que al fin me avivé y las cosas cambiaron mucho para mí.

El matrimonio definitivamente no es negocio para las mujeres.

Yo me casé tres veces, y siempre me separé porque sentí que pagaba un precio demasiado alto para lo que recibía a cambio.

Pero ahora estoy muy consciente de la relación calidad-precio en la pareja.

Por eso, en mi nueva relación, frente a cada cosa me pregunto:

Si él no me cuidó cuando yo estaba enferma... ¿debería cuidarlo yo ahora que él está engripado?

Si él no me acompañó a arreglar el auto... ¿debería yo acompañarlo a su cena de negocios?

Y así —calculando la relación costo-beneficio— puede ser que esta vez me cierren las cuentas.

¿No le parece?

Calculina Cálculo.

Querida Calculina:

Puede ser que te cierren las cuentas, o puede ser que se te rompa la máquina.

La relación que describís me suena más a la que se tiene con un cajero automático que con un hombre.

Ni siquiera te digo con una banca personal, porque en ese caso tendrías que intercambiar saludos con el otro.

Buscá otro sistema.

¡Éxito!

Dra. Cunny.

Estimada Dra.:

Soy lo que cualquier chiquilina impertinente llamaría una mujer mayor, un poco sorda y bastante chicata, pero déjeme decirle que mis facultades sexuales están intactas, como el primer día.

Sigo queriendo tener sexo, sólo que ahora lo quiero antes de las 9 de la noche.

Mi pregunta básica es: Doctora... ¿cree usted que hay un límite para el deseo sexual?

Veterana pasional.

Querida Veterana:

Tengo las mejores noticias para usted.

De todas las facultades humanas, ver, oír, etc., lo que demora más en abandonarnos es el deseo sexual y la habilidad para hacer el amor.

O sea que aun después de los bifocales y de los audífonos... ¡vamos a seguir haciendo el amor!

Lo que ya no vamos a saber es...

...con quién, ni por qué.

Saludos.

Dra. Linguss.

Doctora:
Tengo 20 años y estoy de novia con un chico de 25. Empezamos a tener relaciones sexuales hace poco, pero yo tengo miedo de quedar embarazada, porque él no se cuida y yo tampoco, pero no sé si tengo que pedirle a él que lo haga o resolverlo yo sin decirle nada.

Ana, de Castelar.

Querida pequeña:
Vivimos en una época tan peligrosa que el riesgo de embarazo ha pasado a ser un mal menor, cómo será la cosa. Pero me gustaría por sobre todo que tu consulta sirva para que te quede esto en claro:
El cuidado de algo tan importante como tu salud física y psicológica no puede quedar en manos de NADIE que no sean las TUYAS.
Olvidate de pedirle a él que se haga cargo de nada.
Vos le ponés el forro con tus propias manos.
Y asegurate de que no esté pinchado.
¿Entendiste?
Un beso.

Dra. Cunny Linguss.

Querida Dra.:
Mi marido es un cerdo machista sin remedio, pero cada vez que hablo con mis amigas me dicen que los de ellas son igual y que la culpa la tiene la testosterona.
¿Es así? ¿Es tan importante la testosterona? ¿O es una excusa que ellos usan?

Esposa harta.

Querida Esposa:

Tu problema —si te consuela— es el de la mayoría de las mujeres casadas, que tienen que convivir con el macho de la especie. Te voy a contestar con las palabras del humorista americano Dave Barry, porque él lo definió como nadie:

"La testosterona es peligrosa. Debería ser una sustancia controlada como la heroína. Y los hombres andan sueltos en posesión de testosterona. Por eso, cuando los vemos hacer cosas estúpidas, debemos verlos como criaturas salvajes. Hacen cosas extrañas para el mundo civilizado, pero debemos recordar que, en realidad, están siguiendo patrones de conducta antiquísimos que están grabados a fuego en sus cerebros. Con paciencia y compasión, podremos adaptarlos a la vida moderna.

"A las criaturas salvajes, me refiero.

"Los hombres no tienen remedio."

¿Contesta eso tu pregunta? Espero que sí.

Cariños.

Dra. Cunny.

¡Hasta la próxima, mis queridas amigas!

Y para despedirme, déjenme decirles que todos los hombres piensan que ellos son buenos muchachos.

Pero algunos no los son.

Las que tengan interés contáctense por una lista.

Y escríbanme, que yo... ¡no las voy a defraudar!

Estados alterados
hormonales

Fanny sonaba rara en el teléfono:

—¡Tengo una noticia buena y una mala! —anunció.

—¿De qué índole?

—Del grupo de soporte hormonal.

—Contame primero la buena —pedí.

—Vengo del ginecólogo y me acaba de confirmar que se puede seguir con el tratamiento de reposición hormonal.

—Yo te dije que el mío me aseguró que por diez años no hay problemas.

—Bueno, pero yo lo quise consultar porque a varias amigas mías sus ginecólogos las hacen descansar cada tanto de las hormonas, no se las dejan tomar todo el tiempo. Y yo pensé que se debía a que era peligroso para ellas, pero en realidad lo hacen porque es peligroso para ellos.

—¿Para ellos? ¿Por qué?

—¡Porque tienen miedo de que les hagan juicio!... Se ve que ya hubo mujeres que tuvieron dificultades y les hicieron juicio, entonces se cubren.

—¿Qué tipo de dificultades?

—Bueno, parece que algunos médicos inescrupulosos están abusando de las hormonas que les dan a sus pacientes. Pero no se dan cuenta de que están manejando material casi radiactivo. Las hormonas no son joda. Me contaron que a la hermana de Chichita... ¿Te acordás de la hermana de Chichita, que se casó con un americano y se fue a vivir a Los Ángeles?

—¿Cuál?

—Una que era tan frígida, que el marido ya no sabía si cogerla o embalsamarla.

—¡Qué bestia que sos, Fanny!... Bueno, y ¿qué le pasó?

—Que el ginecólogo se pasó con la dosis de hormonas que le dio y quedó convertida en una ninfómana. Ahora no hay con qué pararla. Anda como loca por las calles cantando: "¡Oh!... el dulce misterio de la vida...".

—¡Qué horror!... ¿Y qué hicieron?

—Ella está chocha, pero el marido le pidió el divorcio y le está haciendo juicio al médico. Dice que le pidió al juez la pena máxima para él. Quiere que lo pongan en un calabozo con Joan Collins —uno de los monstruos hormonales que él ayudó a crear— para que pruebe un poco de su misma medicina.

—¡No lo puedo creer! Pero... ¿a qué ginecólogo iba esa mujer?

—¡A una bestia!... Así que... ¡hay que cuidarse! ¿Por qué te creés que los ginecólogos usan esos guantes de goma?

—Supongo que por las infecciones.

—¡Despertate, inocente! ¡Es para no dejar huellas!

—¿Me estás hablando en serio?

—No, tonta, es una broma, pero lo cierto es con este tema de las hormonas todavía estamos en pañales.

—¡Mientras no sean pañales para adultos!

—¡La boca se te haga un rulemán!... —me maldijo—. No llames a la desgracia... ¿querés?

—¿Así que algunos ginecólogos las hacen descansar de las hormonas?

—Sí, pero les tienen que dar Prozac, porque quedan más locas que un paraguas.

—¡Dios mío!... ¡Qué panorama!

—Me contaba el doctor que durante los descansos a algunas mujeres les baja el nivel estrogénico suavemente, y a otras les baja en caída libre. Yo voy a ser de ésas... ¡Otra que los clavadistas de México!... Yo caigo en picada. A mí me internan.

—¿Qué sabés?... ¿Por qué estás tan segura?

—¡Porque siempre fui muy ovárica! Mi marido ya sabe que se tiene que cuidar los días en que estoy con el síndrome premenstrual.

—¿Por qué?

—¡Porque una vez me provocó en esos días y yo le salté a la yugular!... Me lo tuvieron que sacar entre cuatro.

Otra vez me quiso poner una mano en el pecho, con lo que me dolía, y yo le grité: "¡Sacá esa mano de ahí o te la corto ahora mismo!". Ahora ya aprendió que con mis hormonas no se juega.

—¡Fanny, nunca sospeché que eras tan peligrosa!

—¿Pero cómo? —se entusiasmó—. ¿No te conté la última? Un colectivero me tiró el colectivo encima el día en que me estaba por venir la menstruación, y yo me bajé del auto en el semáforo y le di tantas patadas que le abollé el colectivo. El tipo se tuvo que bajar a pedir perdón de rodillas, mientras la gente me aplaudía. Por eso yo, desde chica, supe que iba a tener una menopausia conflictiva.

—¿Desde chica pensabas en la menopausia?... ¿Pero quién sos?... ¿Álvar Núñez Cabeza de Vaca?

—¿Por qué?

—¡Por lo adelantada!... ¡Y después dicen que no hay futuro!

—¿Pero no te acordás de que muchos años antes del climaterio yo ya tenía un montón de parches en el placard, para que no me agarrara desprevenida?... Yo no estoy dispuesta a sufrir ni un poquito.

—Cierto Fanny, no parecés judía —la cargaba—. En cambio, a mí me agarró completamente desprevenida. Yo pensé que la menopausia no me iba a afectar, porque estaba convencida de que las mujeres que la sufrían eran las que aún guardaban algún deseo inconsciente por la maternidad.

—¿Ves?... ¡Ésa es otra cosa que me pudre! El tiempo que nos hicieron perder con toda la cosa psicologista, cuando en realidad lo que más incidía sobre nuestra conducta no era el inconsciente, sino las hormonas.

—El inconsciente era el médico que nos trataba. Lo que pasa es que recién estamos empezando a darnos cuenta de la impresionante influencia que tienen las hormonas en nuestra vida.

—Y pensar que yo me pasé años en los divanes psicoanalíticos, interpretando el síndrome premenstrual y el vacío del útero triste... Sólo me faltó escribir un tango. ¡Bulshit!

—Cuando en realidad no somos otra cosa que mujeres que corren con las hormonas.

—Mirá, no sé si nosotras corremos con las hormonas o ellas nos corren a nosotras, pero que inventen algo rápido, antes de que pasen los diez años y a mí me tengan que enchalecar.

—Por ahí el chaleco te hace más flaca, y entonces no te va a importar estar loca —le dije.

—A los 65, lo único que me va a importar es estar viva. Yo la tengo a mi hermana mayor delante de mí en el almanaque y te aseguro que el panorama de ella es desolador.

—¿Por qué?

—Bueno, ahora viene la mala noticia. La pobre está de lo más deprimida. Está superbajoneada porque el marido la dejó hace un año y ella no lo puede superar. Yo la acompañé al ginecólogo porque además está menopáusica. Cuando salimos, me miró con los párpados a media asta y me dijo: "¿Sabés lo que es la depresión?... Es sentarte en la camilla del ginecólogo, en esa posición deshonrosa, sobre una mesa fría, y que ése sea el momento más alto de tu semana". "¿Por qué no te dormís una siestita?", le sugerí, "y yo paso a verte a la noche". "No —me contestó— no me gusta despertarme dos veces en el día".

—¡Pobre!... Se agarró una bruta depre... ¿Y vos pensás que también es hormonal?

—¡Lo que yo pienso es que se rayó con el tema del abandono!... Porque ahora está obsesionada preguntándose a dónde van a parar las hormonas que dejan nuestro organismo. Y ha llegado a la conclusión de que no se van sino que migran hacia otro lado, pero siguen en el cuerpo.

—No entiendo.

—Porque ella sostiene que nada se pierde, todo se transforma. Por eso, insiste en que el estrógeno se le trasladó de las trompas de Falopio a las de Eustaquio, y en lugar de un tapón de cera, se le hizo un tapón de estrógeno que le está haciendo perder el oído. Que el calcio de los huesos se le fue a los riñones y se le convirtió en cálculos. Que la progesterona que perdió se le trasladó hasta los ojos y le provocó cataratas. Hasta está convencida de que son los estrógenos migratorios los que le atascaron el bulbo piloso, y por eso se le cae el pelo. Está tan loca que se puso a tomar andrógenos por su cuenta, para compensar la pérdida del pelo.

—¿Y se le mejoró?

—No, pero ahora le salieron pelos en el pecho. Por si todo eso fuera poco, el ginecólogo le mandó tomar testosterona, porque tenía la libido por el piso, pero con tanta hormona masculina, a la desdichada le salió bigote... ¿podés creer?

—¿Y entonces?

—¡Que ahora tiene más ganas de coger pero menos posibilidades de que alguien se la coja!

—¡Dios mío!... Fanny... ¡Basta!... ¡No soporto más esta conversación! ¿Te acordás de que antes hablábamos de perfumes y de ropa?

—¡Sí!... Y ahora hablamos de remedios y de dietas.

—Antes nuestro credo era la mística.

—¡Ahora son las hormonas!

—Antes hablábamos de hombres.

—¡Ahora también!

———————————

El eterno retorno
del
post operatorio

OPÉRESE USTED MISMA

*Si más belleza significara realmente
más aceptación de sí mismas, Marilyn habría sido la
mujer más feliz del mundo.*

Esta conversación entre tres mujeres se desarrollaba
en la peluquería, en medio de secadores, revistas, tinturas,
algodones, pelos, y moviendo las cabezas con Wella.

Por más que lo intenté (juro que lo intenté), yo estaba
atrapada por el difusor y ellas tres debajo de los secadores,
así que hablaban a los gritos.

De manera que no tuve más remedio que escuchar su
conversación acerca de la edad y las cirugías, por lo tanto
no tuve más remedio que grabarla y ahora no tengo más
remedio que transcribirla.

Sí, ya sé. Yo no tengo remedio.

Eran tres mujeres bastante monas y muy coquetas, una
rubia, una morocha y una pelirroja. ¿Sus edades?... Digamos entre los estrógenos y la muerte.

—Ya no me quiero mirar al espejo, porque me veo
horrible —se quejaba la morocha—. La boca me quedó tan
chica que aunque me la pinte de colorado no logro que se
vea, los ojos se me achicaron más que nunca. Lo único que
me sigue creciendo es la nariz.

—Bueno, si te consuela, te cuento que yo me encogí
tres centímetros —replicó la pelirroja.

—¿Ya?... Pero si eso pasa después de los sesenta.

—Bueno, seré una adelantada, porque el otro día me
pesé y me medí, y tengo tres centímetros menos. ¿Será
posible?... ¡Dios!... Me estoy encogiendo. Voy a morir por
la muerte del candado, se me van a juntar las costillas con

189

las caderas. ¿Me podés decir cuándo perdí yo esos tres centímetros en el camino?

—No los perdiste, son los que te aumentaron del ancho —la verdugueaba la rubia.

—Les juro que estoy desesperada —siguió la pelirroja—. No me animo a sacarme la camisa para que no se me vean los brazos, las piernas ya no las puedo mostrar porque parezco la mujer araña, tengo un mapa en el cuerpo de tanto que se me ven las venas. Ahora estoy esperando turno porque quiero ir a Zapata.

—¿No ibas a ir a Angrigiani? —preguntó la rubia.

—Sí, pero yo me quiero hacer la operación de brazos, y ésa sólo la hace Zapata.

—Angrigiani también la debe hacer. Si es capaz de implantar un brazo que no estaba, ¿cómo no te va a poder sacar un pedazo del tuyo?

—Yo no creo que exista ninguna operación de brazos —intervino la morocha—, porque si no Susana ya se la habría hecho.

—¡Sí existe!... —saltó la pelirroja—. Te la hace Zapata... Te corta un triangulito acá en la axila, y te mete para adentro todo lo que te sobra.

—¡Ah!... —la rubia la seguía verdugueando—. Una especie de triangulito de sabor.

—No estaría nada mal que lo hicieran saborizado —se prendió la morocha— para que, si alguien te lo chupa, engorde. Y si no sirve para adelgazar, por lo menos que sirva para que los otros engorden.

—¡Ay!... —suspiró la pelirroja—. No veo la hora de que inventen un kit de "Opérese usted misma". Te juro que a veces tengo la fantasía de que el cuerpo se pudiera arreglar como un vestido, una pinza aquí, un ajustecito allá, un zurcido invisible y... ¡Voilà!

—¡Seguro! —se prendió la morocha—. Y lo que te sobra lo podés donar al INCUCAI. Nunca falta algún quemado, alguien que necesita un trasplante de piel. Hoy en día no se puede tirar nada, ya viste que hasta los seres humanos somos reciclables.

—¡Cierto! —sigue la pelirroja—. A mí siempre me dio

190

pena tirar la grasita de la lipoaspiración. A Ally McBeal no le vendría nada mal, y yo le haría precio.

—¡Ah! ¡Qué rápido pasaste de la donación a la venta! —dijo la morocha—. Bueno, te cuento que mi cuñada se hizo rellenar todas las arrugas con colágeno y se puso Botox en toda la cara.

—¿Qué es el Botox? —preguntó la otra.

—¡Es toxina botulínica!... Te inyectan la toxina del botulismo, que te mata el músculo. O sea, te queda la cara lisa pero rígida. Nunca más vas a poder fruncir el ceño.

—¡Dios!... —se persignaba la rubia—. Ya no nos alcanza con reducirlos, plancharlos, cortarlos o lipoaspirarlos... ¡Ahora también matamos a los músculos desobedientes!... ¿Y cómo quedó?

—Parece que la hubieran inflado como a una pelota. Dan ganas de buscarle el piripicho en la nuca y sacarle un poco de aire.

—Les cuento que ayer estuve con Teresa —continuó la rubia—. Hacía tiempo que no la veía y se hizo de nuevo tanta cosa que no la reconocí. Sólo me di cuenta de que era ella cuando me mostró la tarjeta. ¡Qué impresión!.. Durante un buen rato no supe quién era y eso que yo nunca me olvido de una prótesis. Bueno, me contó que le acaban de hacer un trasplante de patillas.

—¡Me estás jodiendo!... ¿Un qué? —saltaron las otras dos a dúo.

—¡Como lo oyen!... Sabés cómo es Teresa, que se hizo tres liftings casi al hilo, porque no le gustaba el resultado. Lo único que le preocupaba era que el cirujano no se lo volviera a cobrar. Parece que después de los últimos tres liftings, la cara se le había estirado tanto hacia atrás que ya las orejas se le juntaban en la nuca, y la pobre ya no oía en estéreo, sólo monoaural, entonces le sacaron pelo de la nuca y se lo implantaron en las patillas y así fue como consiguieron traerle la cara de nuevo para adelante.

—¿Y las orejas?

—Las orejas le quedaron en el mismo lugar.

—¿Pero ahora oye mejor?

—No, ahora oye peor, porque tiene más pelo en los oídos.

—Pero el pelo de la nuca es distinto del de la patilla... —dijo la morocha—. ¿Y si le empiezan a crecer hacia abajo? ¿Va a quedar como los judíos ortodoxos, con el beiguele colgando?

—No —contestó la pelirroja, muerta de risa—. ¡Va a quedar como Menem cuando era peronista!... ¿Y cómo le quedó?

—¡Y yo qué sé!... Está un poco rígida, pero ella está chocha, aunque dice que el dolor que pasó fue terrible.

—¡Ah!... ¿Es muy doloroso?

—Y sí, te sacan una lonja de piel de la nuca y te la cosen en la cara... ¿Cómo la ves?... Es el día de hoy que hay ciertas partes de la cabeza que no se puede tocar. ¿Viste que en el mar a veces hay oleadas de agua caliente y de agua fría que se alternan? Bueno, ella dice que tiene oleadas de calor y de frío, pero en la cabeza.

—Pero... ¿qué? ¡No entiendo!... ¿A raíz de la cirugía le agarró la menopausia en el cuero cabelludo?

—No, pero le quedó la cabeza dividida en secciones. Hay algunas partes que están rígidas al punto tal que le podrías meter un clavo que ella no lo sentiría, y al lado de ésas hay partes completamente vulnerables, que no se le pueden ni tocar. Yo la quise abrazar, pero reaccionó como un niño golpeado, levantando los brazos para que no la tocara. Tampoco se puede reír mucho, porque tiene miedo de que se le raje la cara.

—¿Y la cara cómo le quedó?

—Bueno, la cara también se la retocó.

—¿¿¿Otro lifting??? —preguntó de nuevo el dúo.

—No. Resulta que, hace algún tiempo, ella se operó la nariz, y le quedó chiquita, pero entonces se dio cuenta de que le había quedado más larga la distancia con la boca. Y como la boca ya le cubría los dientes...

—¿Los de arriba?

—Sí, cuando ya te cubra los de abajo, escondete. Pero ella me explicó que la vejez se nota porque la boca se te baja y te cubre los dientes, entonces ella se cortó la boca por dentro y se la hizo subir, de manera que tanto la nariz como la boca le quedaron mirando al norte.

—¿Por lo menos, ya no le tapa los dientes?

—No, pero ahora se le ven los dientes con la boca cerrada.

—¿Pero quedó más joven?

—No, quedó más vieja.

—¿Y el cirujano?

—¡Al cirujano habría que matarlo y a ella también!

———————

Esposas

"En el matrimonio nadie te oirá gritar."

SLOGAN DE UNA PELÍCULA DE TERROR.

Testimonio uno

—La primera semana que salimos, me vino a buscar en su coche y el cenicero estaba lleno de puchos con rouge. Yo no le dije nada porque al principio una no habla.

—Pero después una se desquita.

—No, yo me desquité ahí mismo, porque no hablé pero le tiré una mala onda que decía más que mil palabras.

—¿Y?... ¿Él acusó recibo?

—¡No! ¡Pero mirá si será vivo! Al poco tiempo, estábamos tomando sol y yo le pedí que me pasara bronceador en la espalda. Él me lo empezó a pasar y me preguntó si así estaba bien. Yo le dije... "Sí... ¿por?" Entonces me confesó que no me había pasado ningún bronceador, y recalcó que yo no había notado la diferencia, para rematar con esta frase histórica: "¿Ves que no todo es lo que parece?".

—¿Y ésa fue toda la explicación para los puchos con rouge?

—Sí, pero después nos casamos, y él llegaba todas las noches a las 4 de la mañana.

—¿Por trabajo?

—¡No! Al principio yo no me podía dormir, me quedaba en vela hasta que él llegaba y le preguntaba dónde había estado.

—¿Y él te lo decía?

—¡No!... Con el tiempo, fui aprendiendo a dormirme, aunque me despertaba a cada rato para ver si había llegado. A veces eran las 5 y él no había llegado, y yo ya había hablado con los bomberos, la policía y las guardias de todos los hospitales.

—Después de eso, habrá cambiado.

—¡No! Un día le descubrí un bruto moretón en el cuello... "¿Qué te pasó?", le pregunté como al pasar. ¿y sabés qué me contestó el animal? ¡Me mordí al afeitarme!

—¿Y no le pediste más explicación?

—¡No!... Él siguió viniendo tarde siempre, pero yo poco a poco me di cuenta de que era una estupidez de mi parte seguir preguntándole dónde había estado, así que esperé a que él me contara.

—¿Y te contaba?

—¡No! Pero ahora tenemos 26 años de casados, y a mí no sólo no me preocupa más a qué hora viene, sino que lo único que quiero es que se vaya, así me quedo sola con el control remoto.

Testimonio dos

Estábamos en casa de una amiga, de la que voy a omitir el nombre, mirando por TV un reportaje que le estaban haciendo a su marido, que es un conocido escritor.

El reportaje estuvo muy conmovedor, y el marido de mi amiga se mostró tan feminista en su discurso, tan defensor de la mujer, tan agradecido por todo lo que había recibido de las mujeres en su vida, que cuando terminó daban ganas de aplaudirlo.

Me volví hacia mi amiga para felicitarla y me di cuenta de que estaba tan conmovida que no podía contener las lágrimas.

—¡Qué divino tu marido! —le dije—. ¿Es así en tu casa?

—¡No! —contestó—. ¡Por eso lloro!

———————————

Un matrimonio está en la cama durmiendo.

De golpe, ella se despierta y lo ve a él llorando desconsoladamente.

—¡Viejo!... ¿Qué te pasa?

—¡Nada me pasa!...

—¿Cómo nada?... ¡Decime qué tenés!

—¡Nada!...

—¿Pero cómo nada?... No vas a estar llorando así por nada. Por favor, viejo, decime qué te pasa.

—¿Qué me va a pasar?... Que me echaron del laburo, que mis hijos no me respetan, que mi vida no tiene sentido, que me siento viejo, vencido, inútil, deprimido y sin horizonte de ninguna naturaleza... ¡Eso me pasa!

—¡Ay, tonto!... ¡Me asustaste!... ¡Yo pensé que no me querías!

———————————————

Conversaciones
en un bar

Yo no sé si a ustedes les pasa, pero para mí sentarme un rato en un bar y parar la oreja siempre se ha convertido en una fuente infinita de anécdotas.

Porque es como si las conversaciones de los otros me llamaran para que las escuche... ¿Qué puedo hacer?... Tengo oído absoluto. Puedo escuchar lo que hablan los demás a tres kilómetros a la redonda.

Por ejemplo, estoy ahora mismo tomando un café en un bar que está repleto de gente.

A mi derecha, una mesa con tres mujeres entre los treinta y los cuarenta que conversan animadamente y se ríen a carcajadas.

Se las hubiera podido escuchar aún con un oído relativo.

Una petisita muy rubia y pizpireta les cuenta a las otras:

—Y cuando él me dijo que se había olvidado la billetera, yo le dije... "¡Ay! ¡Qué lástima! ¡Yo me olvidé mi vagina!"

—¡Hiciste bien! —la alientan las otras.

—¡No!... Si conmigo no se juega —sigue la petisa envalentonada—. Para mí un hombre tiene que pagarle las salidas a una mujer, si no yo le pierdo todo el respeto.

—¡Claro! —las otras están de acuerdo.

—¿Sabían que Analía está saliendo con un tipo que tiene barco? —dice una.

—¡Ah!... —suspira la otra—. Yo con uno que tenga barco me casaría.

—Yo me lo transaría —dice la primera.

—Yo no sólo me lo transaría sino que lo disfrutaría —le contesta la otra.

Y la petisa, que había estado callada, remata:

—Yo, por uno con barco... ¡hasta me pagaría lo mío!

En la mesa que está detrás de mí, están sentados una chica y un muchacho, bastante jóvenes.

Él tiene aritos hasta en las uñas y está todo tatuado. Ella parece un poco más grande que él, y por su conversación queda claro que no son una pareja:

—¿Cuánto tiempo hay que esperar para levantarse a tu amigo que se acaba de separar? —pregunta ella—. ¿Dos meses?

—¡Cinco minutos! —le dice el muchacho— ¡Si demorás más se lo lleva otra!

—¿En serio?

—Bueno, por lo menos mis amigos son capaces de tener sexo con cualquier cosa que se mueva.

—¿Y vos?

—A mí no me gusta limitarme.

—La verdad es que yo a ustedes no los entiendo —le dice la chica—. No se toman tiempo para nada, y con el sexo hacen lo mismo, van derecho a los bifes, no se dan cuenta de que a nosotras nos gustan los preliminares...

—¿Qué son los preliminares? —pregunta él con cara de boludo.

—¿Cómo te explico? —dice ella—. Por ejemplo, es como si vos invitaras a una chica a un festival de rock, para ver un concierto de Divididos. Antes de escuchar al grupo principal... ¿no estaría bueno disfrutar un rato del grupo soporte?...

—Sí —contesta él—. ¡Pero yo por ellos no compro una entrada!

Miro para la mesa de mi derecha, y veo que están sentadas dos mujeres, una bastante más joven que la otra. A la joven se la escucha exaltada, en cambio la mayor suena como si estuviera de vuelta de todo.

—¡Te juro que no sé cómo soporta las cosas que le digo! —cuenta la joven—. Le dije que era un mentiroso, un amarrete, un perverso, un estafador... Le dije las cosas más horribles que se le pueden decir a una persona... ¡y me sigue llamando!

—Bueno —dice la mayor—, seguro que las soporta porque es casado.

—¿Y eso qué tiene que ver?

—Los casados están acostumbrados a decirse las cosas más horribles entre ellos, y después se sigue como si nada.

—¿Cualquier cosa?

—De todo se retorna.

—¿Pero cuál es el límite?

—¡La muerte!

En ese momento, una pareja ocupa una mesa muy cercana a la mía.

Por la manera en que se saludaron al llegar, es evidente que se acaban de conocer, o sea una típica cita a ciegas.

Los dos tendrán alrededor de treinta años.

Los dos sonríen.

Durante un buen rato no se dicen ni una palabra, sólo se miran intensamente a los ojos. Pero yo tengo un oído tan absoluto que puedo escuchar lo que piensan.

Ella: —¡Qué bueno que está!... Tiene los dedos largos y el pelo lacio, material de primera, ¡seguro que va a salir divino en las fotos del casamiento! Espero que le guste que el vestido de novia sea blanco y el tocado de color, pero ya veo que me voy a tener que poner tacos bajos porque no es muy alto. La fiesta de casamiento la podríamos hacer al mediodía en la casa que vamos a tener en el country, alrededor de la pileta cercada porque después vendrán los niños, así que me parece que va a ser mejor que vendamos los departamentos de cada uno (espero que tenga uno) y compremos algo bien grande para vivir juntos, con los mellizos que vamos a tener, un varón y una nena, y una niñera para cuidarlos, vamos a necesitar por lo menos tres dormitorios, o dos dormitorios con dependencias... aunque a mí no me gusta dejarlos con las empleadas, pero si lo tengo que acompañar a él en su trabajo...

Él: —¿Cómo estará desnuda?

———————————

Karma de gorda

60-90-60

*Detrás de cada flaca
hay una gorda tratando de entrar.*

Mi amiga Patricia y yo tomábamos una merienda en El Mejillón en Punta del Este, felices por estar mirando la maravillosa puesta de sol, pero más felices por estar comiendo cosas ricas.

Patricia no es gorda, ni mucho menos, pero es rellenita de la cintura para abajo y le gusta comer más que ninguna otra cosa en la vida. Fieles a nuestra costumbre —mientras comíamos— hablábamos de comida.

—Porque yo nací en una casa sefardí —le contaba yo, mientras masticaba un postre chajá—. ¿Vos tenés una idea de lo que eso significa en la vida de una chica?

—¡No! —dijo ella, con la boca blanca de crema chantilly—. ¡Contame!

—¡Significa que ya nacés con un karma de gorda! Mi abuela hacía los mostachudos más exquisitos de toda la historia de Oriente; en mi casa los baclavá, los cadaiff, los trabados, los mogadós, el shamalí, se guardaban en bandejas arriba de los roperos; cuando llovía, las paredes de mi casa no chorreaban agua, chorreaban almíbar, ¿entendés? Por mis venas no corre sangre, corren jarabes de Esmirna, semillas de sésamo y canela. Encima mi mamá me daba azúcar cada vez que yo me asustaba por algo... ¡Y yo vivía asustada!

—¡Qué suerte!

—¡Otra que suerte! Me daban azúcar si me asustaba, me daban azúcar si tenía hipo, me daban azúcar si tenía gripe, para mi mamá el azúcar era como una especie de penicilina judía... ¡Curaba todos los males! Pero ahora me

211

doy cuenta de que sólo con la cantidad de colesterol que yo ingería durante cada día de mi infancia se podría haber matado a varias ratas de laboratorio.

—¡Pero vos, por lo menos, comías! —se lamentaba Patricia—. Mi mamá cocinaba tan mal que nos decía a mí y a mis hermanos: "¡Si se portan bien, se van a la cama sin comer!".

—¿En serio?

—Sí, el santo de mi padre nos contaba una anécdota que a nosotros nos encantaba. Sabés que mis padres eran muy viajeros, así que contaba papá que un día mamá le dijo: "Para nuestro aniversario de boda, quiero que me lleves a algún lugar al que no haya ido nunca". Y él le contestó: "¿Qué tal la cocina?".

—¡Pobre, te mataban de hambre!

—Yo creo que por eso soy tan hambrienta ahora. Pero por lo menos me preocupé de aprender las delicias de la buena cocina.

—Mañana me voy a Montevideo por unos días, y seguro que mi tía preparó algunas exquisiteces para esperarme. Si puedo, vuelvo la otra semana a Punta.

—¡Qué lástima que te vas!, porque yo quería que fuéramos este fin de semana a un restaurante maravilloso que hay en José Ignacio, pero ya veo que voy a tener que ir sola.

—Sí, es una lástima, pero ya le prometí a mi familia que iba a ir a verla, y no les puedo fallar.

—Pero quedate, y te vas la otra semana.

—No puedo, Patricia, sabés que me encantaría pero no puedo.

—Bueno, lo lamento, pero más que nada lo lamento por vos, no sabés lo que te perdés —dijo la perra.

Seguimos comiendo un rato en silencio, hasta que la pregunta se me cayó de la boca (junto con un hilito de chocolate caliente).

—¿Y qué onda el restaurante?

—¡Nunca visto!... Preparan un *foie gras* para chuparse los dedos, y un postre helado con castañas que es un orgasmo múltiple.

—¡Me quedo!

—¡Dale! Así vamos juntas... ¡Mozo!... ¡Hace horas que le pedí el Sucaryl!... ¿Qué espera?... ¿no se da cuenta de que se me enfría el café?... ¿Será posible? —se indignaba Patricia mientras deglutía el último trozo de torta dobosch, pero se negaba a tomar el café sin edulcorante—. ¿Te acordás de que yo siempre te dije que te admiraba por tu tenacidad con la dieta?

—¡Sí!... ¡Qué desgracia la dieta!... Te juro que yo le pido al hambre que me tenga piedad, pero no hay caso.

—Bueno, ahora me voy a empezar a admirar a mí misma, porque ya no puedo evitar tener que hacerla yo también.

—Pero... ¿cómo? —me asombré—. ¿No fuiste vos la que inventó la regla de oro que dice: "Nunca comas más que lo que vas a poder liposuccionar"?

—¡Sí! —se reía—, pero ya ni eso me sirve. Tengo el colesterol por las nubes, y engordé como cuatro kilos desde que estoy acá, mirá cómo se me pusieron las caderas... ¡Mirá! ¡Mirá!

—¡No es para tanto! —mentí.

—Sí, es para tanto, mirá a todas esas chicas con la caderas angostas y el talle larguísimo. Mi cuerpo está fuera de época, ¿no te das cuenta? Las mujeres con caderas anchas somos una especie en extinción. Tengo la fantasía de que algún día, en el futuro, los escolares darán vueltas alrededor de mi esqueleto, mientras un maestro les dirá que hubo una época en la que mujeres con caderas gigantescas habitaban la Tierra.

—¡Sos una exagerada!... ¿Así que vas a transar con la dieta, nomás?

—Sí, no tengo más remedio.

—Bueno, consolate, por lo menos si hacés dieta vas a vivir más.

—¡No es que vivís más!... ¡Es que te va a parecer más! Pero sufro por mi paladar. Mi pobre paladar negro. Años acondicionándolo para aprender a saborear exquisiteces... y... ¿para qué? Ojalá lo tuviera blanco. Así no me daría cuenta de lo que me pierdo.

—¿Y qué dieta pensás hacer?

—¡La peor que existe! Por día podés comer una hoja de lechuga, media galleta de arroz, y te dan una foto de Marlon Brando desnudo para que te ayude a vomitar.

—¡Pobre —me solidaricé—, ya te agarró a vos también el "miedo a la balanza"!

—¡Ojalá!... —saltó como un resorte—. ¡La balanza me tiene miedo a mí!

—¡No me hables!... ¿Sabés cuál es mi imagen del paraíso? Un lugar donde se pueda comer de todo sin engordar. Las mujeres tendríamos que salir a la calle con pancartas que digan: "Queremos comer". A propósito, anoche estuve en una fiesta con Zulma... —comenté—. Está flaquísima.

—¡Sí! No volvió a engordar después de la dieta que hizo con el chino. Y dice que come de todo.

—Sí, ¿viste? Estaba espectacular, con un vestido con escote hasta la cintura, muy blanca, el pelo muy negro, lo único que me impresionó un poco es que quedó muy chata de pecho.

—¡Pero eso no es por la dieta! —se exaltó Patricia—. Siempre fue así, la pobre heredó el busto de su padre.

—Pero está bárbara, y te juro que come como contratada. Yo la vi comer y me impresionó.

—Dice que le cambió el metabolismo, y debe ser cierto porque no engordó nunca más. ¿Habrá que ir al chino para poder comer?

—¡Qué sé yo! Yo ya probé de todo, y lo único que me adelgaza es cerrar el pico, pero no me dura, y tampoco una se puede pasar la vida privándose. Para peor, en el verano no puedo usar las panties, que son lo más maravilloso que se inventó.

—¿Por qué?

—Porque por el mismo precio te suben el culo y te cierran el tracto digestivo.

—Ahora... ¡No me digas que no es una injusticia!... —se indignaba Patricia—. Esa chica heredó una fortuna cuando enviudó del marido millonario y encima puede comer todo lo que se le antoje. ¡Yo no tengo plata y además engordo! Las cosas tendrían que estar mejor repartidas. Decime la verdad... ¿No es mucho para una sola? Si tenés tanta guita... ¿qué te importa estar gorda?

—¡Qué decís!... ¡Siempre importa estar gorda!... ¡Más que no tener guita, más que todo! Pero si ella tuvo la dicha de que alguien le cambiara el metabolismo, ahora debería ser generosa y cambiar metabolismos con sus amigas. Yo le cambiaría el mío sin dudarlo. Aunque fuera por un tiempo.

—¡Yo también!... —se entusiasmó Patricia—. Aunque hace unos días leí en un artículo que decía que las flacas mueren más jóvenes.

—¿Por qué?

—¡Porque las gordas las están matando! Pero tampoco te olvides de que Zulma ahora está soltera, y siendo soltera es más fácil mantener el peso que estando casada.

—¡Qué tendrá que ver!... ¿De dónde sacás esas teorías?

—¡De mi más pura experiencia personal!

—¿Y se puede saber por qué?

—Porque las solteras llegan a la casa, ven lo que hay en la heladera y se van a la cama. En cambio las casadas llegamos a la casa, vemos lo que hay en la cama y vamos derecho a la heladera. ¿Entendés?

———————————

Feminismo.
La única revolución
sin sangre
(de los otros)

¿Qué fue lo primero que pasó cuando la mujer
se paró por sus derechos?
¡Perdió su asiento en el colectivo!

*¿Dios les dio el útero a las mujeres
y la billetera a los varones?*

Cada vez que escucho a una mujer decir: "Yo no soy feminista, soy femenina" se me paran los pelos de la nuca.

Y no puedo dejar de pensar: Allá vamos las mujeres, ayudando a que nos aprieten un poco más la soga al cuello.

"No, querido... ¿cómo pensás ahorcarme con un nudo tan mal hecho?... Dejame a mí."

Al fin y al cabo ser "femenina" significa ser buena y colaboradora.

Significa que el sufrimiento nos parezca algo mucho más digno que el placer.

Significa no permitir jamás que los hechos interfieran con la leyenda.

Un amigo me contó un cuento que —según él— pinta bastante esta idiosincrasia de lo "femenino".

Una mujer se sienta sola en el mostrador de un bar y se pone a tomar una cerveza.

En distintas oportunidades, varias personas le piden permiso para sentarse en el asiento de al lado, pero ella no se los permite, poniendo su abrigo y su cartera.

De repente entra al bar un morocho muy buen mozo, y ella inmediatamente retira todas sus cosas de la otra banqueta para permitir que él se siente.

Él lo hace, taciturno, y pide un café, pero no la mira ni le dirige la palabra, entonces ella después de un rato se anima y le habla:

—Perdoname que te pregunte, pero... ¡Estás muy pálido!... ¿Te sentís mal?

—No —contesta él—. Estoy pálido porque estuve preso.

—¿Cuánto tiempo?

—¡Diez años!

—¿Pero qué hiciste?

—¡Maté a mi esposa!

—¡Ah!... ¡Sos soltero!

Sin embargo, la revolución femenina no tiene precedentes en la historia de la humanidad, porque ha conseguido que las mujeres pudiéramos votar, heredar, compartir la patria potestad y tener más control sobre nuestro destino. ¡Además de ser la única revolución que se ha hecho sin derramar una sola gota de sangre!

De los otros.

Pero el problema mayor con el que nos enfrentamos sigue estando dentro de nosotras mismas.

Porque aún las que estamos más convencidas tenemos miedo de decir que somos feministas, porque "no les gusta a los hombres".

Yoko Ono solía decir que la mujer "es el negro del mundo", comparándonos así con otro de los grandes grupos oprimidos.

Pero la situación de las mujeres no se parece a la de nadie, ya que nosotras queremos seducir al que nos oprime.

¿Qué derecho se le puede reclamar a alguien a quien se quiere seducir?

¿Se imaginan a un negro preocupado porque si le reclama sus derechos a un blanco corre el riesgo de nunca más tener un orgasmo?

¿O de nunca más ser abrazado?

Eso sólo nos pasa a las mujeres.

Porque queremos los mismos derechos que los hombres, pero también queremos amor y relaciones.

Y parecería que hoy en día las dos cosas se excluyeran mutuamente.

Sin embargo, yo creo que debemos luchar por un mundo donde las únicas opciones no se limiten a tener que elegir entre el amor o el poder, entre ser indefensas o quedarnos solas.

Y recordar que una cultura que orienta al hombre hacia la competencia y los resultados, y a la mujer hacia el amor y las relaciones, siempre le va a dar ventaja a él a la hora de alcanzar los lugares de poder, donde se toman las decisiones que afectan a la sociedad.

Si nosotras quedamos dueñas de todo el amor y ellos de todo el poder, no creo que hayamos hecho un brillante negocio.

Porque si nos definimos a nosotras mismas exclusivamente en función del amor, no hacemos otra cosa que legitimar nuestro confinamiento al área privada.

En otras palabras: Nos estamos mandando a lavar los platos solas.

La pregunta obligada entonces sería... ¿Qué es el amor?

"El amor —dice Erich Fromm— es preocupación activa por el crecimiento de lo amado."

Partiendo de esta base, podremos preguntarnos... Los hombres... ¿aman a las mujeres?

"Mucho del miedo masculino al feminismo es infantilismo —dice Adrienne Rich—, la nostalgia de protección del hijo de la madre, que desea poseer a una mujer que exista exclusivamente para él.

"Estos deseos infantiles de los hombres adultos por las mujeres han sido sentimentalizados y romantizados como 'amor', pero ya es tiempo de reconocerlos como un estancamiento en su desarrollo."

Durante los 5.000 años de patriarcado, hemos estado mirando el mundo con un solo ojo.

Sólo a partir de ahora, una vez que las mujeres alcancemos a ser una masa crítica en la sociedad, empezaremos a ver con los dos ojos, y prácticamente todo lo que aprendimos hasta hoy quedará obsoleto. Porque habremos accedido a una nueva dimensión de la realidad.

Los hombres y las mujeres de hoy estamos empezando una nueva historia en la que lo anterior no nos sirve de modelo.

Y representa un verdadero cambio de paradigma.

El desafío ahora es encontrar un nuevo erotismo entre los sexos, en el que aprendamos a atraernos entre seres de igual valor.

No papitos e hijitas ni mamitas e hijitos, sino hermanitos. (No dejen de comprar mi próximo libro: "Cómo hacer para calentarse con un hermano".)

Un erotismo que no dependa de la conquista y la rendición (términos heredados de la guerra), sino de la fraternidad y la confianza.

¿Los hombres se preguntan qué queremos las mujeres?

¡Queremos el control de nuestras propias vidas!

Por eso... ¿les gustaría saber cómo hacer feliz a una mujer?

Estimulándola para que ella tenga una excitante vida propia. Los van a idolatrar.

Los detractores del feminismo lo combaten porque no pueden concebir que una mujer pueda tener control sobre su propia vida y, al mismo tiempo, preocuparse activamente por otro.

Pero los hechos están demostrando fehacientemente que no es así.

Las mujeres estamos adquiriendo cada vez más poder en la sociedad, sin abandonar nuestras tareas de esposas y de madres.

Así que... Mujeres... ¡a pararse sobre los propios pies, y a salir a conquistar el mundo!

Ya que, como dice la amiga Mae West:

"¡Párate sobre tus propios pies, o terminarás hecha una alfombra!".

Y yo les aseguro que si las mujeres manejáramos el mundo no lo haríamos peor que los hombres.

(No sé si alguien lo podría hacer peor.)

Porque nosotras tenemos todo lo que se necesita para esa tarea.

Tenemos un cerebro y un útero.

Y los usamos a ambos.

Tenemos fuerza, tenemos intuición y tenemos talento.

¡Algunas tienen hasta la ropa!

Si manejar el mundo es una tarea que trata de combinar los intereses de todos los sectores de la humanidad, nadie mejor que las mujeres que trabajamos afuera del hogar, pero igual nos hacemos cargo de los hijos, de los padres, de los maridos, de la comida, de la salud... ¡y algunas hasta tienen tiempo de ir al gimnasio!

Somos auténticas mujeres del renacimiento. (Por lo polifacéticas, no por lo gordas).

Así que no veo por qué no debemos intentarlo.

La anatomía no es el destino, querido Freud.

Pero si así lo fuera, sería la prueba más contundente de que las mujeres somos las personas más adecuadas para manejar el mundo.

Porque por más poder que tengamos, no podremos dejar de mirar a toda la humanidad como a nuestros hijos.

Y díganme si ésa no es la mirada que más necesita el mundo.

Por eso es importante recordar que todos los monstruos que ha dado la humanidad, y que han —de una manera u otra— manejado nuestros destinos, han tenido y tienen detrás de ellos a alguna mujer intoxicada que lo sostiene porque piensa que él es sexy.

Yo digo: no apoyemos más a los monstruos.

No tengamos sexo con los misóginos.

¿Se acuerdan de Lisístrata?

¿Aquella extraordinaria heroína griega, que arengó a las mujeres a no tener sexo con los hombres hasta que éstos no detuvieran la guerra?

Hagamos como Lisístrata con todos los hombres que no nos traten bien.

Al fin y al cabo, si quieren disfrutar el bomboncito... ¡que cuiden la confitería!

———

Milenio Mujer

El milenio que empieza es Mujer, qué duda cabe.

Y el que no lo ve así es porque es un hombre.

El otro día estaba mirando en el cable un extraordinario documental sobre mujeres de todo el globo, y me llamó la atención con qué seguridad y visión de futuro hablaba una primera ministra de Noruega, integrante del único parlamento del mundo con mayoría de mujeres (por ahora).

Y ella planteaba que —en un día no muy lejano— van a ser los niños los que les van a preguntar a sus mamás: "¿Es posible ser varón y llegar a la presidencia?".

¿Postales del futuro o delirium tremens?

Lo primero, sin lugar a duda. ¿Les resulta difícil de creer? ¡A mí no!

¡Porque si al mundo lo manejáramos las mujeres, las cosas serían tan distintas!

La ciencia en nuestros días no tuvo más remedio que asumir su fracaso y reconoció estar a punto de crear un espermatozoide artificial, ya que no hubo laboratorio ni científico que pudiera conseguir que algunos padres se hicieran cargo de sus hijos.

Por lo tanto, yo les sugiero algunas propuestas para el futuro:

Como rito de iniciación, todos los varones a los trece años serían forzados a pasar un mes en un simulador de síndrome premenstrual, y a los dieciocho, 40 horas seguidas en un simulador de parto.

En cambio a las niñas se les haría una fiesta el día de su primera regla, y toda la familia celebraría el advenimiento de un nuevo continente de vida, con regalos y ofrendas.

El síndrome premenstrual y la menopausia serían considerados igual que la legítima defensa en una corte.

Si las mujeres casadas no estuvieran completamente satisfechas, podrían devolver a los maridos a sus madres.

Los hombres casados tendrían que llevar el apellido de la esposa, y los hijos también.

El control remoto de la tele explotaría al primer contacto con la testosterona.

Habría un monumento a la Madre Soltera y más de una recibiría el premio Nobel al trabajo.

Como no va a haber guerra, el servicio militar sería reemplazado por un entrenamiento básico que obligaría a los jóvenes a hacerse cargo de un niño de dos años durante tres meses.

A los desertores se los castigaría con 24 horas de llanto de bebé perpetuo.

A los hombres que dejaran embarazada a una mujer y no se hicieran cargo, se los utilizaría para experimentos en los que ahora se usan ratas.

Los desfiles militares serían reemplazados por desfiles de modas, donde desfilarían ellos, por supuesto. Con muchas transparencias y a caballo.

Todo el dinero que se usa hoy en día para armamentos se invertiría en la cura de los tres grandes flagelos de la humanidad: el hambre, el sida y la celulitis.

La ciencia se ocuparía de las mujeres y parir sería suave como una brisa.

Y se impondría finalmente una sencilla y efectiva pastilla anticonceptiva para hombres... ¿O acaso no tiene mayor sentido sacar las balas de un revólver que ponerse un chaleco antibalas?

No es bueno que la mujer esté aburrida

LA PROFETA

Estaba el pueblo de Orfalese reunido en la plaza alrededor de su Maestra. Y entonces se acercó Almitra y le dijo:

"Maestra: Antes de que nos dejes, háblanos con el don de tu verdad.

"Largo es el camino que nos espera y grandes los peligros que acechan. Háblanos del principio de los tiempos".

Y entonces ella habló y dijo:

"En el principio era la Diosa, el gran útero infinito de donde sale todo lo creado. Ella primero creó los cielos y la tierra, los animales y las plantas, y luego creó a la mujer, a su imagen y semejanza.

"Y la llamó Eva, que en arameo antiguo quiere decir: Eva.

"Pero al poco tiempo, Eva llamó a la Diosa y le dijo:

"Diosa, de mujer a mujer, el paraíso es muy lindo y todo, pero yo aquí sola me aburro soberanamente, y entonces me pongo a comer. Estoy harta de comer bananas, y además estoy engordando aceleradamente. ¿No tendréis alguna otra cosita para picar?

"Y Ella le contestó:

"—No es bueno que la mujer esté aburrida. Si tú quieres, puedo sacarte una costilla y con ella hacer un hombre para que te acompañe.

"—¿Qué es un hombre?... —se asombró Eva—. ¿Alguien igual a mí?

"—¡Ni por asomo! —respondió la Diosa—. Tú estás hecha a Mi imagen y semejanza, por lo tanto eres dueña de toda la creatividad. En cambio, un hombre es una criatura indescriptible, bastante insoportable y muy diferente de ti, pero es precisamente esa diferencia la que hará que jugar con él sea más entretenido que comer bananas.

"—¿No tenéis nada mejor?

"—¿Qué esperabas por una costilla?

"—Bueno —dijo Eva— acepto, pero que sea una de las de abajo, que me ensanchan la cintura. Ahora... si me sacarais dos costillas, para emparejar... ¿me daríais dos hombres?

"—No seas insaciable, Eva.

"—Estoy hecha a Vuestra imagen y semejanza, Señora.

"Y entonces Ella creó al hombre.

"Pero a la mañana siguiente, Eva volvió a llamar a la Diosa y le dijo:

"—Diosa, estoy más aburrida que antes. Este hombre que me disteis por compañero es un machista, más bruto que el mono, más mentiroso que la serpiente, más egoísta que la jirafa, menos conversador que el hipopótamo, y estoy sola con él en el mundo... ¿Ahora qué hago?

"Y Ella le respondió:

"—Usa tu imaginación.

"Y entonces la mujer creó al hombre.

"Pero no de su vientre, sino de su cabeza.

"Y le puso Adán.

"Que en arameo antiguo quiere decir: Gracias a Eva".

Una noche, en un sueño, le pregunté a la Diosa:

—Señora... ¿No ves cómo se aburren las mujeres?... ¿Por qué no mandas ayuda?

Y Ella me contestó:

—¡Ya lo hice!... Te mandé a ti.

Índice

Esta edición de 3.000 ejemplares
se terminó de imprimir en
Encuadernación Araoz S.R.L.,
Avda. San Martín 1265, Ramos Mejía, Bs. As.,
en el mes de abril de 2007.